VALÉRIE PÉCRESSE

ÊTRE UNE FEMME POLITIQUE
… c'est pas si facile

l'Archipel

www.editionsarchipel.com

Si vous souhaitez recevoir notre catalogue et être tenu au courant de nos publications, envoyez vos nom et adresse, en citant ce livre, aux Éditions de l'Archipel, 34, rue des Bourdonnais 75001 Paris.
Et, pour le Canada, à
Édipresse Inc., 945, avenue Beaumont, Montréal, Québec, H3N 1W3.

ISBN 978-2-84187-913-7

À Louis Bertagna.

Avant-propos

« La politique vous intéresse ? Réfléchissez-y. Vous avez de solides attaches corréziennes. En 2002, nous aurons besoin de femmes pour les législatives. Mais vous avez le temps d'y penser... »

La scène se passe dans le bureau du président de la République, en avril 1998. Je viens d'être recrutée comme chargée de mission à l'Élysée, pour les études et la prospective. C'est mon premier entretien avec le chef de l'État. Et, déjà, Jacques Chirac m'oblige à voir plus loin : les législatives de 2002.

À ce moment-là, je n'ai pas cette ambition. Je suis seulement heureuse et intimidée d'être là. À trente ans. Trop jeune ? « À votre âge, j'étais déjà ministre », me dit le Président, enjolivant à peine.

Mais je ne fais pas partie de ces hommes politiques qui peuvent s'enorgueillir d'avoir toujours rêvé d'être des élus de la République. Mon parcours est beaucoup moins linéaire. Même s'il a sa cohérence.

Servir l'État

La première date charnière de mon existence, c'est septembre 1988, dix ans plus tôt. Diplômée d'HEC, spécialisée dans la finance, je vois l'avenir s'ouvrir devant moi. À Paris, à Londres ou à Tokyo ? Telle était déjà la question, à l'époque. Mais, durant l'été, les doutes m'assaillent. Est-ce vraiment ainsi que j'ai rêvé ma vie ? N'ai-je pas, au fond de moi, toujours voulu m'engager dans des activités d'intérêt général, contribuer au service public, participer à la construction d'un projet collectif ? Fille de prof, j'ai été élevée au biberon du mérite républicain. Mes modèles ne sont-ils pas depuis toujours ces grands serviteurs de l'État qui ont bâti la France d'aujourd'hui ?

À la fin de l'été, je me lance. Je prépare l'ENA en secret, sans même l'avouer à mes proches qui me croient en troisième cycle de fiscalité des entreprises. Contre toute attente, après trois années de travail acharné, coupée du monde, je réussirai : je deviendrai juge de la République, conseiller juridique du gouvernement, en un mot, auditeur au Conseil d'État.

HEC m'a ouverte au monde qui nous entoure, m'a appris le pragmatisme, l'esprit d'équipe, la bonne gestion – et d'abord qu'un sou est un sou ! Cette formation m'a projetée dans l'univers de l'entreprise, dont j'ignorais tout. Elle se révélera précieuse pour la suite, même si je n'en avais pas conscience alors.

Le Conseil d'État sera, quant à lui, une formidable école de rigueur et d'indépendance d'esprit. Un juge est en permanence confronté à l'injustice. Il connaît mieux que quiconque l'imperfection des lois qu'il applique. Il doit – c'est son honneur et la difficulté de sa tâche – toujours douter. Avoir des certitudes, des préjugés, c'est l'assurance de mal juger. L'intime conviction ne se forge qu'en ayant tourné et retourné chaque argument en tous sens. Elle naît aussi de la confrontation des points de vue : toutes les décisions rendues par le Conseil d'État font l'objet d'un examen collégial. Mais, *in fine*, le juge doit savoir trancher, décider, dire le droit. Une qualité d'homme politique ? Certains magistrats, et non des moindres, l'ont cru...

S'engager

La deuxième date clé de mon parcours, c'est l'année 1998. Quelques mois après les débuts de la cohabitation, l'Élysée recherche de nouveaux collaborateurs. Moi qui ai, au cours des sept années précédentes, refusé de nombreuses offres d'emploi dans des cabinets ministériels, je décide de sauter le pas.

C'est que les choses ont changé. L'échec de la dissolution, le score impressionnant de l'extrême droite, l'ampleur des réformes de plus en plus nécessaires au pays, désormais reportées aux calendes grecques, me font réagir. L'engagement politique, dont je n'avais jamais ressenti la nécessité, s'impose à moi comme une évidence.

Comment réagir à la montée irrépressible et inéluctable de Jean-Marie Le Pen, sinon en s'engageant dans les rangs de ses vrais adversaires, les partisans de la droite modérée, au moment où celle-ci doit se reconstruire sur les décombres laissés par la dissolution ?

La figure de Jacques Chirac a marqué ma jeunesse et, sans avoir jamais milité dans un parti politique, je me suis particulièrement retrouvée dans sa campagne de 1995, autour du thème de la « fracture sociale ». Voici qu'une occasion unique se présente de le rencontrer et de l'aider, avec mes modestes moyens. N'est-ce pas une aventure qui en vaut la peine ?

À bien y réfléchir, ma candidature au cabinet du président de la République résulte aussi d'une prise de conscience personnelle, au fil des ans, des jugements rendus et de mes missions dans l'administration : celle de l'incapacité des hauts fonctionnaires à véritablement changer la France.

Les « technocrates », dont se moquait tant Coluche, restent « technos » mais n'ont plus guère de pouvoir. Celui-ci a été transféré en grande partie aux cabinets ministériels, au détriment des directeurs d'administration. Ce constat désabusé m'amène à vouloir explorer de nouveaux territoires : les centres de décision de notre République. Là où se trouvent les vrais leviers du changement et de la modernisation du pays.

Quelle plus belle expérience que de voir la France à travers la fonction du président de la République ? Même s'il est un président affaibli, à terre, à qui tous ses amis tournent le dos, et dont chacun annonce l'enterrement définitif dans le bunker de l'Élysée...

Un suicide professionnel ?

Car à ce moment-là, on ne se bouscule pas pour être recruté au cabinet de Jacques Chirac. Tous mes amis, sans exception, me mettent en garde. « C'est un suicide professionnel... La gauche est au pouvoir pour vingt ans... Chirac est fini, il ne sera plus jamais rien, c'est comme être recrutée par René Coty, par la reine d'Angleterre !... Tu n'es pas marquée politiquement, une belle carrière t'attend... »

Pire, le cabinet de Lionel Jospin, tout auréolé de sa récente victoire, me contacte au même moment pour me proposer de coordonner une mission interministérielle sur la société de l'information ! Un beau défi professionnel. Mais c'est trop tard. Ma décision est prise. Je me demande encore quelle fut leur réaction quand ils apprirent finalement que j'avais refusé leur offre pour aller m'occuper de ces questions, entre autres, dans la maison d'en face...

Je passerai quatre ans à la présidence de la République. Un apprentissage politique à nul autre pareil. J'y serai la spectatrice d'une cohabitation à couteaux tirés et l'un des petits rôles de la création de l'UMP, auprès de Jérôme Monod. Mais surtout, j'ausculterai la société française. Car, chargée des études et de la prospective, j'aurai le rôle d'un voltigeur appelé à se pencher sur tous les sujets en jachère, de l'Internet à la délinquance des mineurs.

Jacques Chirac a en effet théorisé avec beaucoup de prescience le rôle d'un président de cohabitation : garant du bon fonctionnement des institutions et de la cohésion nationale, il doit d'abord voir loin. Quand le gouvernement s'englue dans les difficultés du quotidien au risque de paraître gérer le pays « à la petite semaine », le président défend la République, s'attache aux grands équilibres internationaux et projette la France vers l'avenir.

La particularité de ma mission viendra d'un contact permanent avec la société civile, mais aussi avec les élus. Car les réflexions « entre quatre murs » n'intéressent pas le président. Soucieux de garder en permanence le maximum de capteurs dans tous les terroirs de France, il m'invitera, dès mon recrutement, à me frotter à l'expérience de tous ceux qui ont été adoubés par le suffrage universel. Rien de tel pour comprendre la diversité de la France et les aspirations contradictoires des Français.

Du « château » au terrain

La vraie vie, c'est dans les Yvelines que je la découvrirai. Un département bien plus contrasté qu'on ne le croit. Un département dynamique et attachant, riche d'une vraie identité locale. Les Yvelines, c'est un peu la province à Paris.

La chance de devenir députée en 2002 me sera donnée par Pierre Bédier et Franck Borotra, à l'époque responsables politiques du département. Franck Borotra, une grande figure du parti gaulliste, ancien ministre de l'Industrie, décide à soixante-cinq ans de laisser la place à une nouvelle génération politique. Un geste plein de panache, tant sa réélection était assurée, dans un département qu'il présidait et dont il était l'une des personnalités les plus marquantes depuis deux décennies.

Cette confiance qu'ils m'ont accordée tous les deux, je ne les en remercierai jamais assez. Pourtant, quel pari : imaginer que la « jeune conseillère de l'Élysée » pourrait se muer en véritable femme politique, c'était loin d'être évident. Alors que j'avais surtout été une femme de dossiers, ils ont cru à ma métamorphose en femme d'action. Et c'est bien ce qui s'est produit, à l'issue d'une campagne épique qui m'opposa à une personnalité d'envergure nationale, que tous les sondages donnaient gagnante, le général Philippe Morillon, entré en lice sous les couleurs de l'UDF.

La relation humaine qui est au cœur de l'engagement de terrain me comble. J'aime ces rencontres avec les Français, dans tous leurs états, et parfois au bord de la crise de nerfs. J'aime imaginer des solutions possibles à leurs problèmes. J'aime ces salles polyvalentes remplies de personnes parfois conquises, parfois indifférentes, parfois hostiles, qu'il faut convaincre par la seule force du verbe. J'aime me battre pour mes idées, pour les personnes en difficulté qui m'interpellent, pour mon territoire aussi, ce petit bout de France qui m'a élue.

Un métier ? Un sacerdoce ? Non, une passion

La politique est une affaire de passion. Il n'y a que la passion qui peut faire supporter cette vie-là, faite d'un travail harassant, de chausse-trappes, d'engueulades et de broncas, de milliers de kilomètres avalés, de nuits blanches dans l'hémicycle, de week-ends sacrifiés, de défaites inévitables, de collaborateurs exténués.

Je crois que la politique m'a révélée à moi-même : grâce à elle, je me sens utile. Les cyniques ironiseront sur l'impuissance de la loi à changer le quotidien de nos compatriotes et sur la faiblesse de l'Assemblée nationale, qui ne serait qu'une simple chambre d'enregistrement des textes du gouvernement. C'est une vision très réductrice des choses. Quand des parlementaires travaillent sur une question, ils en viennent rapidement à inspirer l'action gouvernementale. C'en est même parfois frustrant, tant les bonnes idées sont vite « récupérées », et les parlementaires qui en sont à l'origine guère mis en avant. Mais peu importe. L'essentiel, c'est la fierté que l'on ressent à faire progresser le débat, les idées et les propositions que l'on a pu formuler.

Le social, c'est pour les femmes !

La famille est-elle encore un thème politique ? Il est de bon ton de sourire quand une femme s'intéresse de près ou de loin à ce sujet. Un peu moins sans doute depuis que Ségolène Royal caracole en tête des sondages pour l'élection présidentielle…

Pour ma part, jeune élue en 2002, j'ai commencé par fuir ce sujet comme la peste. Avouant mon inclination pour le travail de la commission des Affaires sociales, je m'attirai immédiatement cette remarque d'un journaliste politique qui avait suivi de près ma campagne : « Une femme à la "sociale", ça fait un peu cliché, non ? »

Il avait raison. Je n'allais pas traiter des « sujets de femmes » ! J'allais m'impliquer dans des « sujets d'hommes ». Je postulerais à la prestigieuse commission des Lois, à laquelle mes années passées au Conseil d'État me permettaient de prétendre. Je travaillerais sur de vrais sujets politiques qui, depuis l'Élysée, étaient d'ailleurs devenus mon quotidien : la sécurité, la justice, l'immigration.

Mais chassez le social, il revient au galop. Quelques mois à peine après le début de mon mandat, je postulerai au suivi du budget de la protection judiciaire de la jeunesse et de celui des prisons. J'allais être responsable pendant trois ans, au Parlement, de la politique de lutte contre la délinquance des mineurs, ces milliers de jeunes de plus en plus violents qui sont le symptôme de nombre de nos échecs, éducatifs et économiques. J'allais visiter un grand nombre d'établissements pénitentiaires et aider à la mise en place d'un plan de rénovation des prisons de grande envergure, qui permettra d'ici à quelques années de ne plus incarcérer de mineurs dans un établissement accueillant des adultes. La vie des prisons, les errements de la jeunesse, c'étaient là des sujets humains, concrets, qui me donnaient – plus sans doute qu'une énième réforme de la procédure pénale – envie de m'engager. Si j'ai voulu faire de la politique de terrain, c'est pour me confronter aux réalités de la vie, pas pour rester dans l'abstraction.

Une réforme du divorce se profilait. Et me voilà enrôlée dans un groupe de travail au ministère de la Justice où, de ma confrontation avec avocats, magistrats et auxiliaires de justice, naîtra une vraie certitude :

la famille française est en pleine mutation et le législateur a son rôle à jouer pour faire évoluer le cadre de la loi, au bénéfice de tous.

J'ignorais alors que je consacrerais une année entière à la famille française, à ses bouleversements et aux responsabilités du politique. Et que je finirais par quitter la commission des Lois pour celle des Affaires sociales : un *coming out* tardif me réconciliant avec ma vraie nature politique car je voulais absolument y suivre le déroulement des lois sur l'école et sur la recherche, sujets qui me paraissaient cruciaux entre tous.

Porter la parole

Alain Juppé, avant de quitter la présidence de l'UMP, me fit la grande confiance de me nommer porte-parole du parti. C'était une vraie responsabilité. En même temps, cette nomination pouvait se transformer en cadeau empoisonné pour une jeune parlementaire encore inconnue du grand public.

Le risque de prendre des fonctions ouvertement partisanes, c'est en effet d'être obligée de relayer une parole officielle qui gomme la richesse et les aspérités d'une personnalité. Et puis, on le sait, les partis politiques ne sont guère populaires dans l'opinion. Franck Borotra, qui avait occupé des responsabilités similaires au début des années 1980, ne manqua pas de me mettre en garde... Mais c'était un défi, et je voulais le relever.

La vie réserve bien des surprises, et rien ne se passe jamais comme on le prévoit. Ainsi, en novembre 2004, Nicolas Sarkozy fut élu à la tête de l'UMP. Il me donna alors rendez-vous. C'était l'un des rares dirigeants politiques que je n'avais jamais approchés de près. En entrant dans son bureau, au dernier étage du 55, rue La Boétie, je m'attendais à être limogée, pour « incompatibilité politique flagrante », en chiraquienne que j'étais.

Mais, à mon grand étonnement, Nicolas Sarkozy me proposa de demeurer porte-parole, avec mon ami Luc Chatel, député de Haute-Marne. « Je connais les fidélités qui sont les tiennes et je ne te demande pas d'y renoncer. Je veux montrer qu'il y a une place à l'UMP, même pour ceux qui ne m'aimaient pas... au départ ! »

Son intelligence politique, ce jour-là, me prit au dépourvu. Dans l'atmosphère de « rivalité des chefs » que tous les partis politiques vivent, chaque homme ou femme politique porte une étiquette, et la loyauté est une valeur cardinale, peut-être plus importante même que la compétence. Je n'aurais pas accepté de rester porte-parole de l'UMP, si cela avait dû me conduire à renier ma fidélité à Jacques Chirac. Nicolas Sarkozy le savait. Son professionnalisme est extrême. J'allais avoir l'occasion de m'en rendre compte pendant les deux années où je travaillerais avec lui. Dans un genre très différent de Jacques Chirac, il est consumé du même feu, celui de la politique.

Fidèle à Jacques Chirac, loyale à Nicolas Sarkozy, la fonction de porte-parole telle que je l'incarne, parfois sur le fil du rasoir, me conduit à toujours rechercher l'apaisement et le rassemblement. Heureusement, la droite française a beaucoup appris de ses erreurs passées, quand elle était « la droite la plus bête du monde ». Elle connaît le prix de la division : celle-ci conduit toujours à la défaite. Cela me rend la tâche plus facile.

« Porter la parole » est une fonction trépidante et véritablement politique. Mais qui ne me permet pas toujours d'aller au fond des choses, de dire ce que je pense, d'affirmer ma propre personnalité, au-delà des prises de position de mon parti sur les sujets d'actualité.

Et aujourd'hui, un livre

C'est pourquoi j'ai ressenti l'envie d'écrire ce livre. D'abord pour montrer ce qu'est le quotidien d'une députée, d'une femme en politique. Ses rencontres, ses engagements, ses espoirs, ses difficultés aussi. Et puis pour porter haut et fort un certain nombre de mes idées.

Je m'intéresse à la vie de tous les jours et je l'assume. Parler des femmes, des enfants, du travail, du pouvoir d'achat, des conflits familiaux ou de générations, du mariage homosexuel, de l'intégration, de l'éducation ou de l'environnement, ce n'est pas parler de sujets secondaires ou périphériques. C'est aborder l'essentiel, des sujets qui sont au cœur de la vie dans les sociétés modernes, dont dépendent l'efficacité économique, la cohésion sociale et notre bien-être.

C'est la raison d'être de mon engagement politique. Car, avant même d'aborder les grandes questions comme la croissance économique, la structure de la fiscalité, les relations internationales ou la défense, je reste persuadée que le premier élément constitutif du sentiment national est de vouloir vivre ensemble. En avons-nous encore envie aujourd'hui ? Quand je constate le morcellement de la société française, les lignes de fracture de plus en plus creusées, les rapports de force qui s'instaurent sur tous les sujets, les querelles de mémoires, la réconciliation me paraît une priorité évidente. Une réconciliation qui se ferait autour d'un projet de vie commun, fondé sur les idées de mixité, source d'enrichissement mutuel, de solidarité et de justice.

La France a besoin de réformes, mais aucune ne pourra être menée à bien si elle mûrit sur un terreau de discordes. Faire sa place à chacun, s'ouvrir aux autres, accepter celui qui est différent, lui donner sa chance, valoriser l'effort et le mérite : voilà les vecteurs de la réconciliation entre les sexes, les générations, les histoires.

Seule cette réconciliation nous permettra de rechercher des solutions nouvelles. D'imaginer ce que doit être la France de demain. De nous projeter loin dans l'avenir, vers une France créative, dynamique et prospère, à l'aise dans la mondialisation, et qui aura les moyens d'être généreuse.

Ce livre est un témoignage. Celui d'une trentenaire (pour quelques mois encore !), mariée et mère de trois enfants, tombée en politique il y a neuf ans. Vous y trouverez des pistes ébauchant cette nouvelle société mixte, juste et innovante que nous nous devons de construire.

1

La femme est un homme comme les autres

Par une de ces ruses dont le calendrier a le secret, Ségolène Royal annonça son désir d'être la candidate socialiste à l'élection présidentielle la semaine même où Angela Merkel devenait la première chancelière d'Allemagne.

Cet assaut d'ambitions féminines ne pouvait manquer d'exciter la verve de nos hommes politiques hexagonaux. « Et poum! dans le popotin de Merkel », s'était écrié un peu vite Michel Charasse, trop confiant dans la remontée de Gerhard Schröder. « La présidentielle n'est pas un concours de beauté », osa de son côté le pourtant très politiquement correct Jack Lang. Le sommet fut incontestablement atteint par Laurent Fabius, qui eut ce cri du cœur à l'adresse de sa camarade : « Mais qui va garder les enfants ? »

Ma réaction fut immédiate et scandalisée : la France était-elle donc si loin d'admettre qu'au XXIe siècle, la femme est devenue un homme politique comme les autres ? Ou bien ces goujateries de régiment étaient-elles l'apanage d'une classe politique masculine en retard de plusieurs longueurs sur une société qui, elle, a su évoluer dans les têtes et dans les mœurs ? Et ce machisme de bas quartier, ces réflexes discriminatoires se rencontraient-ils aussi dans la vie professionnelle ?

Pour en savoir plus, je décidai de regarder d'un peu plus près la réalité des relations hommes-femmes dans la France d'aujourd'hui.

L'apparence de l'égalité

En apparence, le respect de l'égalité des sexes a fait d'immenses progrès dans notre pays.

Depuis vingt-cinq ans, les rôles sociaux féminin et masculin se sont rapprochés, sous l'effet de la progression du taux d'activité des femmes – qui atteint 80 % entre vingt-cinq et cinquante ans. Le travail, qui fait sortir la femme de l'espace domestique et lui procure l'indépendance financière, a fait encore davantage évoluer la société que les autres conquêtes féminines (le droit de vote, la contraception, le divorce par consentement mutuel, l'avortement), toutes votées – faut-il le rappeler ? – à l'initiative de gouvernements de droite...

La thèse de la domination masculine me semblait donc contredite : après tout, n'y a-t-il pas aujourd'hui, chaque année, plus de bachelières que de bacheliers ?

Inégales au travail

Pourtant, c'est dans le travail que se manifestent d'abord les différences de traitement entre hommes et femmes. Les chiffres sont connus : le salaire net moyen des hommes est supérieur de 25 % à celui des femmes, les femmes occupent cinq fois plus souvent des emplois à temps partiel, sans parler de leur difficulté à accéder à des postes de direction, dans le secteur privé comme dans la fonction publique.

Le gouvernement de Jean-Pierre Raffarin s'est saisi courageusement de ces questions et a fait voter en

2005 une loi sur l'égalité salariale qui confère par exemple un « label égalité » aux entreprises qui favorisent le travail des femmes.

Mais les dispositions de cette loi, pour excellentes qu'elles soient, laissent un peu de côté les vraies questions.

Quels sont les ressorts psychologiques qui font que la femme française, à qualification égale, sera moins rémunérée et optera finalement pour des métiers et des carrières moins attrayants que ses homologues masculins ?

Une femme unique en son genre

Au sein de la mission parlementaire sur la famille, j'ai compris. La femme française est unique en son genre. Elle veut tout concilier. Elle veut travailler et élever ses enfants, deux en moyenne. Elle veut son indépendance mais aussi une vie personnelle harmonieuse. Elle ne veut pas faire de choix.

Et elle est encouragée et aidée par une politique familiale elle aussi unique au monde. On ne remerciera sans doute jamais assez le général de Gaulle d'avoir donné sa légitimité à la politique familiale. Celle-ci aurait en effet pu souffrir irrémédiablement d'avoir figuré dans la devise de l'État français de Vichy : « Travail, Famille, Patrie ». De nombreux pays d'Europe ne se sont pas remis de l'assimilation de la politique familiale au fascisme. On le constate en Allemagne, en Italie, en Espagne. Lorsque j'ai eu l'occasion de rencontrer des parlementaires de ces pays, je me suis rendu compte à quel point parler de politique familiale est encore tabou. Et ce n'est pas sans conséquence : les taux de natalité ont chuté autour d'un enfant par femme, en même temps que le mouvement d'émancipation des femmes prenait son essor et que se généralisait le travail féminin. Comment faire, en effet, lorsque les enfants ne peuvent être gardés ? Comment faire lorsque la société vous demande de choisir entre travail et enfant ? Quelle culpabilité de se faire traiter, en Allemagne, de « mère corbeau » quand on reprend le travail après une naissance, parce qu'on « abandonne son nid » !

Il ne faut pas s'y tromper. Le travail des femmes n'est pas uniquement un choix d'épanouissement personnel, la revendication d'une liberté. C'est aussi une nécessité. Le travail d'une femme, c'est son assurance contre les accidents de la vie. Même si elle est en couple, car aujourd'hui on vit difficilement sans deux revenus. Même si son compagnon gagne bien sa vie, car, si elle n'a pas de métier, que lui arrivera-t-il en cas de séparation ? de chômage ? de décès ?

La mixité est une chance

Contrairement à ce que j'entends dire parfois, je ne suis pas à proprement parler féministe : je ne pense pas la cause des femmes en termes de combat contre les hommes. Mais je crois en la valeur de la mixité dans la société française. Nous devons prendre l'augmentation des qualifications et la révolution du travail des femmes pour ce qu'ils sont : une chance pour notre pays en même temps qu'un défi, celui d'accorder enfin à la femme sa juste place dans la sphère professionnelle, c'est-à-dire à égalité de droits avec son collègue de sexe opposé.

Intelligemment réalisée, la mixité est une source d'enrichissement collectif dans le travail.

Le regard des femmes n'est pas le même que celui des hommes. Ni leur vécu. Ni bien sûr leur expérience.

Pas plus que leurs goûts, qui restent très différents. Et quel que soit le domaine d'activité, aux côtés des hommes, elles apportent un plus.

Une de mes amies est aujourd'hui chargée de coordonner la politique de gestion des ressources humaines d'un groupe bancaire américain dans toute l'Europe. Sa mission : diversifier l'origine du personnel. Sa recherche : des femmes, des salariés issus des « minorités visibles », mais aussi – les Américains n'ont pas les mêmes fausses pudeurs que nous – des salariés issus des « minorités sexuelles », en clair des homosexuels ! Pourquoi ? Parce que sa banque a compris que, pour qu'elle soit plus efficace et plus profitable, ses salariés doivent refléter la diversité de ses clients, et ne plus être uniquement des hommes blancs âgés de vingt-cinq à cinquante-cinq ans.

Sa mission est ardue. Elle doit trouver les dispositifs qui permettent de concilier vie professionnelle et vie familiale, repérer les salariés à potentiel pour les aider à atteindre un jour des postes à responsabilités et briser le « plafond de verre » qui bloque la promotion de bien des femmes.

Le poids des préjugés

C'est en discutant avec elle que j'ai senti le poids des préjugés qui perdurent encore de nos jours... jusqu'au plus haut niveau de l'État !

Ainsi, un très haut fonctionnaire, au cœur de l'appareil politique, s'efforcera de me démontrer, force statistiques à l'appui, que le travail des femmes, en évinçant les hommes du marché du travail, a été une des raisons de l'absence de baisse du chômage en France depuis vingt ans. En clair, le travail des femmes serait la cause du chômage des hommes...

Cette vision d'un autre temps est heureusement contredite par le simple examen des faits. L'économiste Béatrice Majnoni d'Intignano[1] a fait la démonstration qu'au contraire, le travail des femmes a pour conséquence de donner davantage de pouvoir d'achat aux ménages, et donc d'augmenter leur consommation. Ainsi, quand les femmes travaillent, l'économie produit plus, ce qui, *in fine*, crée des emplois.

Les lignes bougent

Heureusement, les lignes bougent. La société française a admis la légitimité de l'entrée des femmes sur le marché du travail. Restent les inégalités salariales à poste identique. Elles sont intolérables.

J'en discute avec des chefs d'entreprise de Vélizy, au cœur de ma circonscription. Ils reconnaissent immédiatement les faits. Oui, ils ont tendance à moins payer les jeunes femmes trentenaires que leurs homologues masculins, à poste et à qualification équivalents.

« Mais le législateur ne doit surtout pas se mêler de notre politique salariale, au risque de pénaliser l'emploi des femmes !

— Comment cela ?

— Eh bien, le différentiel de salaire est essentiellement dû aux surcoûts qu'entraîne pour nous le recrutement d'une jeune femme. D'abord, il faut prévoir qu'elle aura rapidement des enfants. Il faut anticiper son remplacement pendant son congé de maternité ; espérer qu'elle n'enchaînera pas avec un congé parental – de un à trois ans. Et puis c'est elle qui s'absentera

1. Professeur à Paris XII-Val-de-Marne. Membre du Conseil d'analyse économique auprès du Premier ministre. Auteure de *Femmes, si vous saviez...* (Éditions de Fallois, 1996), *Le Sexe médiateur* (Plon, 2000).

en cas de problèmes de santé des enfants... Si le législateur nous pénalise pour cela, nous ne recruterons plus de femmes, ça coûte trop cher à l'entreprise... »

Ce raisonnement, en apparence imparable, montre à quel point la société française est encore loin de l'idéal de mixité que j'appelle de mes vœux.

L'homme au travail est toujours considéré comme le chef de la famille, celui qui porte le statut social du couple, qui travaille même quand ses enfants sont malades. La femme reste une source de complexités, à anticiper et à résoudre. Et gérer les congés de maternité semble être un véritable casse-tête pour certaines entreprises... Alors, que faire ?

Je ne vois que deux options.

La première, c'est se résigner à ce que les lois sur l'égalité des salaires ne soient que des fictions. Mais alors à quoi sert de voter des lois ?

La seconde, c'est prendre des mesures volontaristes pour changer les équilibres de la société et contribuer à faire émerger une égalité réelle.

C'est évidemment cette dernière solution qui a ma préférence, même si je mesure combien il est difficile de changer, par la seule force de la loi, des habitudes aussi ancrées.

Je propose trois pistes pour promouvoir davantage de mixité et d'égalité dans le travail.

Les hommes mis à contribution

En premier lieu, la création d'une contribution sociale à un fonds pour la petite enfance, qui serait prélevée chaque année pour chaque homme employé par l'entreprise.

Pour tout dire, j'avais pensé que cette proposition ferait pousser des cris d'orfraie à tous les chefs d'entreprise et syndicalistes auxquels j'en parlerais. Pourtant les réactions ont été mesurées et relativement bienveillantes.

Force du politiquement correct ? Peur de se montrer bêtement phallocrate face à une jeune députée ? Peut-être, tout simplement, parce que cette mesure aurait quelques avantages.

D'abord, cette contribution égaliserait le coût de l'embauche d'un homme et d'une femme. Elle compenserait le fait que les salariés masculins ne subiront jamais le décalage de carrière inévitable lié à un ou plusieurs congés de maternité. Psychologiquement, elle empêcherait l'employeur de valoriser la candidature d'un homme au détriment de celle d'une femme, surtout si celle-ci a plusieurs enfants, ou si elle les élève seule.

Et puis il est urgent de trouver, dans les années qui viennent, de nouvelles sources de financement pérennes pour la toute petite enfance (crèches, haltes-garderies, jardins d'enfants, etc.). Un tel prélèvement aurait le mérite de mettre à contribution tous les pères pour un financement collectif de la garde des enfants.

L'inconvénient majeur de cette mesure, c'est bien sûr de créer une nouvelle charge pour les entreprises. Ce qui pourrait se traduire par des pertes d'emplois en France. Mais, d'un autre côté, le produit de cette contribution améliorerait l'environnement direct des entreprises, puisqu'il viendrait abonder le financement de structures de garde d'enfants. On pourrait même envisager qu'une partie des fonds puisse être consacrée au financement de crèches d'entreprise, au lieu d'être versée au Trésor public.

Au total, et ce n'est pas son moindre mérite, en rapprochant le coût global de l'embauche d'un homme de celui d'une femme, cette contribution sociale pour la petite enfance devrait avoir comme effet indirect la diminution des écarts de salaires entre hommes et femmes, à poste et qualification égaux.

Des congés parentaux pour les pères

Une deuxième mesure en faveur de la mixité consisterait à faire évoluer la législation pour inciter les pères à prendre plus souvent des congés parentaux.

On sait le succès rencontré par le congé de paternité de deux semaines. 70 % des jeunes pères l'ont pris en 2005 ! Un succès d'autant plus remarquable que la plupart des entreprises ne compensent pas la perte de salaire souvent causée par ce congé (contrairement à ce qui se fait en matière de congé de maternité). C'est donc qu'il répond bien à la fois à un besoin – lié à l'évolution de la famille et à la volonté des pères d'être présents lors des moments clés de la vie, comme l'arrivée de l'enfant – et à une demande.

Je suis persuadée que l'évolution du congé parental passe par une meilleure répartition des congés entre la mère et le père. C'est pourquoi j'ai fait adopter, en 2005, un amendement législatif prévoyant que le nouveau congé parental d'un an, le COLCA[1], puisse être offert aux deux parents et partagé entre eux. Là encore, quel changement dans le regard des employeurs sur leurs salariés, si les soins prodigués à l'enfant étaient autant le fait des pères que des mères !

1. Complément optionnel de libre choix d'activité. Congé d'un an maximum, rémunéré à 750 euros par mois, créé à titre expérimental pour les mères au troisième enfant, par le projet de loi de financement de la Sécurité sociale pour 2006.

Plus de femmes aux élections professionnelles

Enfin, je me suis interrogée sur l'opportunité d'imposer par la loi la parité hommes-femmes sur les listes présentées aux élections syndicales et aux élections des représentants du personnel.

Certes, il existe des branches professionnelles où les salariées sont particulièrement peu nombreuses. Les industries métallurgiques et minières, par exemple. Il serait très difficile d'y instaurer la parité sur les listes aux élections professionnelles. Mais, à l'inverse, quel sentiment d'irréalité il y a parfois à rencontrer des délégations syndicales d'entreprises de secteurs à forte main-d'œuvre féminine, comme le textile, et à constater que la totalité des représentants du personnel sont des hommes !

Dans le même ordre d'idées, est-il concevable de signer sans sourciller des plans sociaux affectant principalement des femmes et négociés exclusivement par des hommes ?

Ne pourrait-on améliorer la représentativité des élus syndicaux ? La cause des femmes au travail serait certainement mieux défendue si elles étaient plus souvent élues dans l'entreprise et dans les syndicats.

J'avais ainsi été frappée, au début des concertations sur la réforme des retraites, de voir que la question des avantages donnés aux mères de famille n'avait absolument pas été abordée par les syndicats avec le ministre François Fillon. Ce n'était visiblement pas leur première préoccupation.

Quand j'ai souligné l'importance de la conservation de ces avantages, qui concernent après tout les familles qui ont le plus contribué à l'équilibre des régimes sociaux, j'ai senti, à ce moment précis, qu'on me regardait comme un suppôt du mouvement familial, une nataliste forcenée... Heureusement, cela n'a pas duré. Et les avantages familiaux ont survécu à la réforme.

Des femmes de passage en politique

Parler de mixité au travail conduit à regretter le faible nombre de femmes élues aux scrutins professionnels. Parler de mixité dans l'ensemble de la société française conduit à déplorer le faible nombre de femmes élues au suffrage universel.

Il y a dans notre pays une insupportable sous-représentation des femmes en politique. Elle est encore plus criante que dans le monde du travail – même si, au plus haut niveau des entreprises, les femmes sont encore ultra-minoritaires. (On se demande d'ailleurs pourquoi l'État actionnaire n'essaye pas d'être exemplaire dans la composition des organes dirigeants des entreprises du secteur public...)

En politique, il existe cependant une nouvelle arme, que le Conseil constitutionnel a refusé d'imposer au monde professionnel.

Cette arme, c'est la parité.

Reste que la solution choisie n'est pas encore satisfaisante. Les femmes ne représentent que 11 % des députés et 7 % des maires de France, ce qui place notre pays résolument à la traîne de ses voisins européens. Pire, un rapide retour en arrière sur ces vingt dernières années semble montrer que la plupart des femmes ne font qu'un passage relativement bref en politique, qu'elles abandonnent au bout de quelques années (je pense ici à Michèle Barzach, Georgina Dufoix, Frédérique Bredin, Anne-Marie Idrac, Élisabeth Hubert, entre autres). Alors que les hommes qui marquent la vie de notre pays le font sur la longue durée, occupant pendant des décennies la scène politique et médiatique.

Cette situation est somme toute assez logique. Une femme qui veut une vie professionnelle et une vie privée équilibrées ne choisit pas la politique. C'est trop violent, trop prenant. Il faut durer et endurer. Plus que les hommes, les femmes ont le sentiment de sacrifier une part d'elles-mêmes dans cet engagement.

Je crois que nous ressentons plus fortement que nos collègues masculins cette « tentation de Venise » qui donne envie de tout arrêter. Parce que la politique, c'est rarement toute la vie d'une femme. L'attrait du pouvoir n'est pas pour nous un moteur suffisant.

Ainsi, appelées à jouer les seconds rôles, pour ne pas dire les rôles d'appoint, les femmes sont rarement considérées comme des hommes politiques à part entière. Dans ce contexte, nombreuses sont les femmes ministres issues de la société civile, de Françoise Giroud à Claudie Haigneré. Des colosses aux pieds d'argile, quels que soient leurs qualités professionnelles et leur tempérament, tant il est vrai que seule l'élection donne un ancrage durable en politique.

Des femmes, oui, mais pour quoi faire ?

L'engouement que connaît la candidature de Ségolène Royal à la présidentielle provient d'une demande profonde de renouvellement de la classe politique française. C'est une banalité que de le dire. Mais qu'attendent véritablement les Français des femmes en politique ?

Ne font-ils pas fausse route en espérant qu'elles auront non seulement un langage, un physique, une attitude, mais aussi un comportement radicalement différents de ceux de leurs homologues masculins ?

J'ai été frappée par la manière dont la fameuse phrase de Mme Royal sur les « primo-délinquants qui devraient, dès le premier acte de délinquance, être placés dans des structures à encadrement militaire » a été perçue par la presse, particulièrement par la presse de gauche, et plus largement par l'opinion.

C'était en effet une grosse sottise qu'avait prononcée la postulante à la candidature du parti socialiste.

Ayant eu l'occasion de travailler pendant des années sur les questions liées à la délinquance des jeunes, je connais à la fois la gravité et la complexité de ce problème. La complexité vient notamment de ce que l'adolescence est le moment de toutes les transgressions, et qu'il arrive à tous les jeunes, dans toutes les familles, d'adopter des comportements dangereux pour eux-mêmes et pour la société.

Or les sociologues constatent que 80 % des primo-délinquants ne récidiveront jamais. Ce qui est décisif, face à la primo-délinquance, c'est que la police et la justice apportent une réponse, d'abord rapide, ensuite adaptée.

On ne punit pas de la même façon la consommation de drogue, la provocation avinée, le vol dans un supermarché ou la bagarre. L'environnement scolaire et familial de l'adolescent est aussi à prendre en compte pour personnaliser la réponse. Là où la société est en revanche impuissante, c'est quand il s'agit de redonner des repères aux jeunes multirécidivistes, ceux que Jean-Pierre Chevènement qualifiait de « sauvageons ». Pour ceux-là, les réponses policières et judiciaires doivent être durcies. C'est pourquoi ont été mises en place des classes relais pour ceux qui sont encore soumis à l'obligation scolaire, des centres éducatifs renforcés, puis des centres éducatifs fermés.

Ainsi, la phrase de Ségolène Royal sur l'encadrement militaire aurait pu se concevoir si elle avait parlé des jeunes récidivistes qui « pourrissent » la vie de leurs quartiers mais certainement pas des jeunes « dès leur premier acte de délinquance », sauf à imaginer mettre un militaire derrière chaque adolescent !

Si un homme de droite avait commis l'erreur de prononcer une telle phrase, nul doute que les banlieues – et l'ensemble de la gauche bien-pensante ! – se seraient enflammées. Mais, dans la bouche d'une femme socialiste, cette phrase fut saluée comme « pleine de bon sens » ! *Libération* trouva même le moyen de justifier ces propos en les rapprochant, contre toute vraisemblance, d'une proposition du programme socialiste prévoyant l'instauration d'un service civique obligatoire...

Faut-il en déduire que, venant d'une femme, une politique ultra-répressive à l'égard de la jeunesse paraît douce, parce que la femme est assimilée à l'image maternelle ? Je m'interroge.

Il est pourtant clair qu'on ne doit pas trop attendre des « qualités » prétendument féminines d'une candidate... Rappelons-nous les paroles de la chanson de Renaud, « à part peut-être Mme Thatcher »... Parvenue aux plus hautes responsabilités, une femme d'État se conduit bien souvent comme un homme. Elle devient chef des armées, chef de guerre, négociatrice intraitable... D'où le surnom de « Dame de fer » si souvent accolé à sa personne.

Pas le pouvoir en soi, mais le pouvoir de faire

Je suis persuadée que nous, les femmes politiques de 2007, sommes placées dans une situation de responsabilité extrême. Si nous donnons aux Français le sentiment de ne faire de la politique qu'avec les armes de la parité et de la féminité, ce qui est aujourd'hui un atout pourrait très vite se retourner contre nous. Les Français se lasseront vite des talons hauts, des jupes courtes et des sourires de madone, s'ils ne sont pas accompagnés d'idées pertinentes et de résultats.

Notre force est ailleurs.

Les femmes politiques sont clairement en pointe sur le traitement des sujets de société : tout récemment les violences conjugales, la compensation du handicap ou l'égalité salariale. Nous étions également majoritaires dans les missions parlementaires sur la famille, sur l'accompagnement de la fin de vie ou quand il s'est agi de défendre la Charte de l'Environnement. Mais cela ne signifie évidemment pas que les femmes doivent se cantonner à certains sujets et qu'elles ne peuvent pas parler d'économie, de défense ou d'affaires étrangères.

En fait, je crois que, à la différence de bien des hommes, les femmes sont attirées moins par le pouvoir en soi que par le pouvoir de faire, par le pouvoir de changer la société. C'est donc tout naturellement qu'elles travaillent à obtenir des avancées concrètes sur les sujets qui leur tiennent à cœur, des sujets où l'humain est primordial. Les observateurs attentifs de la vie parlementaire pourront en témoigner. C'est pour cela que la mixité enrichit la vie politique, comme elle enrichit tout univers professionnel.

Féminiser durablement la politique

L'accession des femmes à des postes à responsabilités n'est absolument pas garantie par le système institutionnel actuel. Après avoir observé le fonctionnement de la vie politique de l'intérieur, je ne crois pas que nous puissions attendre de révolution dans ce domaine si nous ne nous décidons pas à changer les règles du jeu.

En effet, il ne pourra pas y avoir d'arrivée massive de femmes au Parlement en 2007, sauf alternance droite-gauche très forte, qui permettrait de remplacer brutalement les sortants masculins qui occupent aujourd'hui ces bancs – ce que je ne souhaite évidemment pas.

Mais, même en cas de victoire de la gauche, les circonscriptions conquises par les femmes seront celles actuellement occupées par des députés de droite, c'est-à-dire les moins sûres, celles qui seront reperdues à la prochaine défaite. Ainsi les femmes auront-elles bien du mal à réussir une entrée durable dans la vie politique de notre pays.

On peut gloser à l'infini sur le système de cooptation qui, dans la sphère politique comme dans le monde des affaires, conduit les responsables à se choisir des héritiers qui leur ressemblent, des « fils » pour ainsi dire.

Je pense que ce système a vécu.

Désormais, c'est la compétence qui doit primer. Mais ce n'est pas facile.

Avec une femme, il n'est pas possible pour un homme de tout partager. La complicité ne se noue pas de la même façon. Et puis, il y a cette certitude profondément ancrée chez nombre d'hommes politiques que ce « métier » n'est pas fait pour les femmes, qu'elles sont trop fragiles pour y arriver…

Je resterai toujours persuadée, pour ma part, que l'UMP ne m'aurait jamais donné l'investiture pour les législatives de 2002 si elle avait su que le général Philippe Morillon, héros de la guerre de Bosnie, grand organisateur des Journées mondiales de la jeunesse, se présenterait sous les couleurs de l'UDF, contre moi, à 23 h 45, le dernier jour de réception des candidatures. Les responsables du parti ne m'auraient pas crue capable de franchir le premier tour.

Le score fut pourtant sans appel : 42 % contre 11 % !

Il est vrai qu'on entendait encore à cette époque de hauts responsables du cabinet du président de la République expliquer que « les femmes ne votent pas pour des femmes » ou que « les femmes de droite ne veulent pas faire de la politique parce que leur priorité, c'est leur vie familiale », etc.

Et il est vrai que, tout juste élue, j'ai moi-même caché ma grossesse pendant six mois, de peur d'apparaître peu crédible, vulnérable, fatiguée, au yeux de mes collègues. Je sentais bien que, pour certains d'entre eux, tomber enceinte, c'est en réalité tomber malade !

En matière de mixité politique, c'est donc avant tout le regard des hommes qu'il faut changer, car c'est eux qui décideront – ou non – de repérer, former et promouvoir des femmes. Mais il faudra aussi revoir les règles du cumul des mandats.

Comment le système actuel empêche la mixité et le renouvellement

Je suis convaincue que l'arrivée des femmes dans le paysage politique – mais aussi le rajeunissement et une vraie dose de mixité sociale des candidats – passe par l'instauration du mandat unique pour les parlementaires. Les candidats aux législatives devraient renoncer dès leur élection à leurs autres mandats.

Ce bouleversement de la vie politique de notre pays, dont le mode de fonctionnement ordinaire est le cumul des mandats locaux et nationaux, ne pourra s'opérer sans la définition d'un vrai statut du parlementaire, ni sans revaloriser considérablement les pouvoirs du Parlement.

Le cumul des mandats découle en effet du fait qu'un parlementaire « de base » est totalement dépourvu des moyens d'exercer correctement ses missions. Ayant travaillé au cabinet du président de la République, je suis particulièrement choquée par la faiblesse des possibilités financières, humaines et logistiques des députés.

Aucun d'entre eux n'a les moyens de rémunérer des collaborateurs vraiment expérimentés, sauf à avoir déjà des secrétaires et des assistants rémunérés sur un autre budget (un cabinet de maire ou de président de conseil général, par exemple). Le député doit partager un bureau exigu avec ses collaborateurs parisiens. Les forfaits téléphoniques sont toujours insuffisants. Les députés ne disposent même pas d'un abonnement à tous les journaux d'information politique, ni de codes législatifs à jour... Il a fallu que je me batte en 2002 pour obtenir que chaque ordinateur installé dans les bureaux des élus du peuple puisse être relié à l'Internet : un seul accès par député était prévu !

Ces détails peuvent sembler anecdotiques, mais ils en disent long sur le fonctionnement des institutions françaises. Les technocrates des cabinets ministériels disposent des ressources d'administrations puissantes et de vrais moyens financiers, tandis que les députés doivent se battre et se débattre pour exister et accomplir leur mission...

Dès lors, la tentation – la nécessité, devrais-je dire – est de cumuler un mandat exécutif local avec un mandat de parlementaire. Car le cumul permet d'avoir une vraie base arrière logistique, avec un vrai bureau, une secrétaire d'expérience pour gérer un agenda en perpétuel mouvement, un cabinet avec quelques collaborateurs de confiance, des outils de communication pour mettre en valeur vos actions, tout ce dont un député ne dispose pas à l'Assemblée.

La conséquence, c'est évidemment l'extrême stabilité dans le temps de la classe politique française.

Un maire ou un président de conseil général bénéficie d'une très grande popularité, liée à toutes les améliorations de vie quotidienne qu'il apporte à ses administrés. C'est d'ailleurs une popularité qui fait souvent bouger les lignes politiques. Ce qui explique que le meilleur candidat aux élections cantonale, régionale ou législative soit toujours le maire d'une grande ville.

Et le cercle vicieux est ainsi enclenché. Qui dissuade les partis d'investir des candidats de renouveau sans ancrage local fort. Qui empêche également les députés d'être à 100 % sur des missions de politique nationale, car il leur faut jongler sans cesse avec les obligations locales auxquelles ils devront, bien plus qu'à leur travail parlementaire, leur réélection.

Cet affaiblissement du Parlement et cette absence de renouvellement de la classe politique sont néfastes pour notre démocratie.

Or les travaux parlementaires méritent, c'est bien le moins, un engagement maximal de la part des députés.

Prenons l'exemple de la mission parlementaire sur la fin de vie, qui a dû répondre à la question de la dépénalisation de l'euthanasie, de la commission d'enquête sur Outreau, ou de la mission parlementaire sur la famille dont j'étais le rapporteur : c'est à chaque fois un an de travail prenant, de nombreux déplacements en province ou à l'étranger, des dizaines de tables rondes, d'auditions… Autant de contraintes bien difficiles à concilier avec la responsabilité d'un exécutif local.

De la même façon, les missions de contrôle des dépenses publiques seraient plus nombreuses si les parlementaires étaient plus disponibles.

Pas de cumul pour les parlementaires !

Pour toutes ces raisons, je suis favorable à l'interdiction du cumul des mandats pour les parlementaires.

Cela permettra un profond renouvellement de la classe politique et conduira à instaurer un statut du député et du sénateur prenant en compte la nécessité pour eux d'agir dans trois domaines : faire la loi (être à l'initiative de propositions de loi ou rédiger des amendements aux projets du gouvernement), réfléchir sur des sujets de société (participer à des missions parlementaires sur des sujets d'avenir), contrôler l'action publique (aller vérifier dans les ministères ou les organismes publics comment l'argent est dépensé). Des crédits substantiels devraient être affectés au recrutement de collaborateurs expérimentés et à l'acquisition de moyens logistiques modernes.

Cela devrait également conduire à certaines modifications de la Constitution : sans doute la suppression de l'article 49-3, qui limite le pouvoir de débattre de l'Assemblée nationale ; sans doute l'augmentation du nombre de commissions permanentes des assemblées, afin que les parlementaires puissent réellement spécialiser et professionnaliser leur action.

Un droit de regard devrait aussi être donné aux parlementaires sur l'ordre du jour de l'Assemblée nationale, pour qu'un certain nombre de sujets d'actualité puissent être examinés sous forme de propositions d'initiative parlementaire.

Enfin, une vraie liaison entre l'Assemblée nationale et le Parlement de Bruxelles devrait être établie, de manière que les répercussions de la législation européenne puissent être anticipées par les parlementaires concernés, au-delà du travail déjà réalisé par la délégation européenne de chaque assemblée.

Aussi légitimes que les hommes, ni plus ni moins

Je semble m'être éloignée de mon sujet initial : la mixité en politique. Pourtant, je crois toucher au cœur du problème. Je suis persuadée que seul le mandat unique permettra, rapidement et durablement, de faire de la place aux femmes en politique.

Et il serait facile d'accélérer le mouvement en exigeant des conseillers généraux que leur suppléant(e) soit de sexe opposé. De la même manière, les parlementaires devraient être incités à prendre des suppléant(e)s de sexe opposé.

Pourrait-on envisager d'autres solutions pour favoriser la mixité ? En fait, la seule solution alternative au mandat unique serait l'instauration d'un scrutin de liste national à la proportionnelle, dans lequel on panacherait « un homme-une femme », selon le principe des listes dites « chabadabada »...

Je suis résolument opposée à une telle idée. Pourquoi ? Parce que la légitimité du député découle de son ancrage local et du fait qu'il doit en permanence rendre des comptes aux personnes qui l'ont élu.

Regardons d'ailleurs ce qui se passe avec les députés européens ou certains conseillers régionaux qu'on ne voit jamais en dehors des périodes électorales... Cela ressemble parfois à un déni de démocratie !

Quant à la cause des femmes et des minorités que la proportionnelle serait censée servir, l'argument pourrait se révéler à double tranchant.

Aujourd'hui le député tient sa légitimité du fait qu'il a été élu au scrutin uninominal, c'est-à-dire sur son seul nom, par les électeurs. Il est donc pleinement responsable devant eux des engagements qu'il a pris durant sa campagne et pour toute la durée de son mandat.

Dans un scrutin de liste, on sait qu'il suffit de quelques « locomotives » pour obtenir un bon score. C'est en général la tête de liste qui tire l'ensemble, et peu d'électeurs connaissent véritablement les personnes pour lesquelles ils votent. Ce qui ne pourrait que desservir la cause des femmes, car la tentation des parlementaires en place serait très forte de choisir les colistières les plus effacées, les plus dociles, les plus falotes, et d'écarter des personnalités à fort potentiel.

À l'inverse, dans le cas du scrutin uninominal, les partis sont incités à choisir les meilleures candidates, car chaque élection est un combat incertain, et il faut se donner les atouts pour le gagner.

En réalité – l'expérience de ma « bataille » électorale avec le général Morillon me le confirme –, une femme gagne toujours en légitimité à être élue au scrutin uninominal car ainsi, nul ne peut contester qu'elle a fait ses preuves, tout comme un homme, ni plus ni moins ! Mais le problème pour elle, c'est encore de parvenir à tout concilier…

2

Métro, boulot, bébés : comment tout concilier ?

6 h 17 à la gare de Charleville-Mézières, ce 1er décembre 2006. L'année n'est pas encore écoulée et je compte déjà vingt-cinq déplacements en province. Je vais en effet confronter, dans toutes les régions de France, les travaux de la mission parlementaire sur la Famille avec les réalités locales, car les relations familiales ne sont pas identiques partout. Chaque terroir, chaque banlieue est riche de ses traditions, de ses cultures, de ses habitants. Marseille, Garges-lès-Gonesse, Nancy, Nantes, Château-Gontier ou Saint-Pourçain, c'est chaque fois une nouvelle rencontre et un enrichissement. Contrairement à l'idée reçue, un parlementaire de la République ne vit pas enfermé dans les frontières de son territoire. Heureusement, puisqu'il vote les lois au nom du peuple français.

Ce matin-là, alors qu'il me faut attendre encore une heure et demie pour appeler mon mari endormi, prendre des nouvelles des enfants et savoir si la nuit s'est bien passée, je songe soudain à la difficulté dans laquelle nous nous trouvons toutes, nous, les femmes au travail, qui sommes obligées de jongler en permanence avec les contraintes d'univers professionnels qui n'ont pas été conçus en fonction des charges de famille.

Les horaires décalés, le travail de nuit, les embouteillages et les grèves des transports publics, personne ne les connaît mieux qu'une députée de base. Car la politique se pratique quand les Français sont rentrés chez eux : le soir et la nuit. Et combien de séances nocturnes devons-nous passer dans l'Hémicycle, surtout nous, élus franciliens, qu'on appelle à la rescousse dès que les débats s'enlisent ou prennent mauvaise tournure.

Tout mener de front – enfants, vie personnelle et travail –, c'est pourtant le lot de ma génération... et de toutes celles qui suivront. C'est pourquoi je souhaite aider mes contemporains à vivre mieux cette quadrature du cercle, en recherchant toutes les idées neuves qui peuvent les y aider.

Un casse-tête moderne

Environ quatre mille enfants figurent dans les Yvelines sur les listes d'attente de l'enseignement privé. Cette constatation m'a surprise, dans un département où la qualité de l'enseignement public ne peut pas être mise en cause. J'ai donc mené moi-même l'enquête auprès des parents, qui ne relevaient pas de collèges particulièrement mal famés, et qui n'avaient donc aucune raison impérieuse de contourner la carte scolaire. Une même réponse est revenue comme un leitmotiv : dans le privé, il existe des études surveillées, un encadrement hors du temps scolaire, l'assurance que les enfants ne seront pas totalement livrés à eux-mêmes en dehors des heures de cours. Pour ces parents, salariés de la grande banlieue, qui partent travailler tôt et rentrent tard, l'éducation est une valeur primordiale car elle seule garantit l'accès à l'emploi et la promotion sociale. C'est pourquoi ils veulent avoir l'assurance de récupérer leurs enfants, devoirs faits. Cette assurance, seuls les collèges et les lycées de l'enseignement privé la leur donnent aujourd'hui.

La conciliation entre la vie professionnelle et la vie familiale est devenue un casse-tête, compte tenu de nos modes de vie, que ce soit dans les grandes villes où les temps de transport allongent de manière déraisonnable la journée de travail, ou dans les zones rurales, où l'absence de structures de garde adaptées se fait souvent sentir.

Responsabilité familiale ou responsabilité publique ?

Un certain nombre de municipalités ont décidé de répondre à ces difficultés. Ainsi à Vélizy, en 1995, un contrat éducatif local a été mis en place, dans le cadre d'une politique extrêmement active de la petite enfance. Le ministre de la Jeunesse et des Sports, Guy Drut, avait à l'époque engagé l'État dans une politique résolue de diversification des rythmes scolaires. Les enfants de la maternelle au primaire pouvaient alors être déposés par leurs parents dès 7 h 30 et récupérés à 18 h 30, la ville se chargeant d'organiser les temps périscolaires autour d'une vaste palette d'activités, notamment sportives. Malheureusement, ce dispositif, extrêmement coûteux, a dû réduire progressivement son ambition, au fur et à mesure du désengagement financier de l'État.

Nombreux sont aujourd'hui les responsables politiques qui s'interrogent. Faut-il aller plus loin dans nos politiques publiques en direction de la petite enfance, ou leur coût financier constitue-t-il un obstacle insurmontable ? Jusqu'où devons-nous envisager de « socialiser » la garde d'enfant ? Quel doit être le partage de l'effort entre les parents, les collectivités locales, l'État et les caisses d'allocations familiales ?

Certains estiment que les familles ont démissionné, que c'est à elles d'assumer les charges liées à leur progéniture, que seules de « mauvaises mères » peuvent travailler au point de ne pouvoir aller chercher leurs enfants à l'école, et que les pouvoirs publics n'ont pas à financer des organisations familiales qui semblent toutes nécessiter une approche « sur mesure ».

Ni féministe, ni nataliste

Ce point de vue s'exprime cependant de moins en moins ouvertement, face à la demande toujours plus pressante des familles.

En observant les pratiques de nos voisins européens, on se rend d'ailleurs compte que, si les femmes doivent choisir entre travailler et avoir des enfants, la plupart choisissent de ne pas en avoir ou, en tout cas, attendent de disposer d'une longue et solide expérience professionnelle. Et ne compromettent pas leurs perspectives professionnelles en enchaînant plusieurs grossesses. D'où l'évolution démographique de l'Europe, qui est préoccupante pour notre avenir commun.

Qu'on ne se méprenne pas : je ne suis pas nataliste. Je ne veux nullement m'immiscer dans les choix intimes de mes concitoyens. Mais je me fais l'avocate d'un volontarisme politique qui permette un véritable libre choix des couples : avoir autant d'enfants qu'ils le souhaitent et les élever dans les meilleures conditions.

Aujourd'hui en France, 30 % des parents voudraient avoir un enfant supplémentaire. Je crois que c'est le rôle des responsables politiques de les aider à concrétiser ce projet. Il y a en effet une corrélation très nette entre croissance et dynamisme démographique : le différentiel de prospérité entre les États-Unis et l'Europe tient en partie à leur natalité[1].

Le droit de l'enfant à être gardé

La physionomie de notre pays est singulière en Europe par la place qu'elle fait à l'enfant. Il faut préserver cette spécificité. C'est pourquoi je suis convaincue que l'avenir de notre politique familiale passe par l'instauration d'un nouveau droit, celui de tout enfant à être gardé.

Ce droit s'exercerait selon une palette de modalités différentes : le droit à être gardé dans son milieu familial, avec le versement, en contrepartie, des aides financières de la garde au parent qui s'en occupera ; le droit à être gardé en structure d'accueil, individuelle ou collective, avant l'entrée en maternelle, avec une prise en charge partiellement supportée sur fonds publics ; le droit à être encadré en dehors du temps scolaire, avec une prise en charge adaptée par l'Éducation nationale.

En revanche, je ne suis pas favorable à la création d'un grand service public de la petite enfance, tel qu'il est actuellement proposé par le Parti socialiste. La raison en est très simple.

Par une belle journée de printemps 2006, je déjeune avec la présidente de la Caisse nationale d'allocations familiales, Mme Prud'homme. Elle évoque les conclusions d'un récent audit de l'Inspection générale des affaires sociales (IGAS) sur le fonctionnement des crèches. Il révèle que parmi les plus

1. Les économistes estiment à un point de croissance supplémentaire environ le dynamisme démographique des États-Unis.

performantes, celles qui ont un taux de remplissage supérieur à 90 %, figurent bon nombre d'entreprises de crèches fonctionnant avec des délégations de service public. En revanche, certaines crèches municipales sont sévèrement épinglées par ce rapport, car elles « n'optimisent pas la gestion » de leurs structures d'accueil. Concrètement, en cas d'absence signalée d'un enfant, elles n'offrent pas la place à un autre enfant sur liste d'attente. Certaines crèches publiques inspectées afficheraient ainsi des taux de remplissage inférieurs à 50 %... alors que chaque place coûte 1 200 euros par mois, très majoritairement financés sur fonds publics !

Cette anecdote est plus parlante qu'un long discours. Pour moi – et c'est depuis longtemps une conviction –, service public et secteur public ne doivent pas nécessairement se confondre. Le service public, ce sont des missions d'intérêt général qui doivent être assurées, en dehors de toute considération de rentabilité, pour le bien-être de tous. Le service public, c'est le supplément d'âme de notre vie collective.

Mais ces missions doivent être confiées à la personne la mieux à même de les exercer, de manière que chaque euro dépensé le soit le plus efficacement possible. Cela suppose évidemment un contrôle strict de la part de l'acteur public qui délègue sa mission. Mais, qu'il s'agisse de l'approvisionnement des populations en eau, de l'entretien des autoroutes, des écoles ou des cliniques conventionnées, voire des « points Poste », je ne crois pas que l'on puisse mettre en cause la capacité d'acteurs privés à exercer, par délégation, des missions de service public. Bien au contraire, dès lors que des autorités de tutelle efficaces assurent qu'ils respectent bien le cahier des charges qui leur est imposé.

La souplesse des modalités de gestion des acteurs privés leur permet souvent une créativité qui est source d'un meilleur rapport qualité-prix. Or, si l'on a une meilleure prestation au meilleur prix, c'est mieux pour tout le monde ! En particulier dans le secteur sanitaire et social, où il est important de pouvoir apporter à chacun selon ses besoins.

Ce raisonnement s'applique évidemment en matière de garde d'enfants. Compte tenu de l'extrême pénurie de places disponibles en structures collectives, nous devons privilégier l'efficacité. C'est-à-dire encourager, sans tabou, les structures les plus performantes, dans la mesure où elles respectent scrupuleusement les normes édictées, qu'elles soient gérées par des organismes publics ou privés.

Cette approche pragmatique n'est cependant pas partagée par tous. C'est même, sans doute, l'un des vrais clivages idéologiques entre la droite et la gauche. Ainsi ai-je été saisie récemment par deux jeunes entrepreneurs de ma circonscription. Ils m'ont appelée d'urgence pour m'avertir que la région Île-de-France avait décidé de suspendre toutes ses subventions aux entreprises de crèches, même à celles qui fonctionnent pour le compte de municipalités, par voie de délégation de service public ! Les fonds publics régionaux en matière de petite enfance devraient, selon elle, être réservés aux seules structures entièrement publiques. La région fait preuve ici d'un dogmatisme d'un autre âge : c'est un peu comme si l'État refusait désormais de subventionner les cliniques ou les écoles privées… Sans compter les difficultés financières dans lesquelles vont se trouver plongées les communes qui ont décidé de confier leurs crèches à des gestionnaires privés. Je ferai tout pour infléchir la politique régionale afin qu'elle adopte sur cette question une position plus ouverte. Car ce qui importe aux familles, c'est que le service soit assuré, et bien assuré !

Voilà pourquoi je ne suis pas favorable à la création d'une grande structure publique nationale de la petite enfance, qui risquerait de devenir une source d'extrêmes rigidités administratives, voire de gabegie. Mais je souhaite voir à l'avenir un droit à la garde d'enfant garanti à toutes les familles.

Moderniser les congés parentaux

Parler des congés parentaux quand on est une députée, c'est sans doute un peu paradoxal, car c'est parler de quelque chose que l'on ne peut pas connaître. En tout cas, pas dans cette vie-là.

Des congés maladie ou des congés de maternité, il n'y en a pas.

Je me souviendrai toujours de ce 21 août 2003. J'étais à l'époque responsable des études à l'UMP. Je venais d'accoucher de mon troisième enfant. À peine installée dans ma chambre, après une nuit de « travail », voilà que mon portable sonne. C'est Alain Juppé, alors président de l'UMP. « J'écris un article sur les conséquences de la canicule et les propositions de l'UMP sur le grand âge. Pourriez-vous me donner les conclusions du grand débat que vous avez organisé il y a quelques mois sur le sujet ? » Je m'exécute, sans rien lui dire de l'endroit où je me trouve. Le lendemain, je reçois à la maternité un magnifique bouquet de fleurs accompagné d'un mot : « Vous auriez pu me dire que vous veniez d'accoucher ! »

Deux semaines plus tard, je faisais la tournée des écoles de ma circonscription, pour vérifier, comme chaque année, que la rentrée des classes se passait bien... Non, il n'y a pas de congés de maternité pour une députée !

Vous m'excuserez cette parenthèse. Mais on évoque si souvent les « privilèges » des élus, que je n'ai pu m'empêcher de décrire une réalité qui fera sans doute moins rêver...

Reste que les congés parentaux doivent à mon sens devenir l'un des piliers d'une politique familiale qui intègre pleinement la nécessité de concilier les temps professionnels et les temps familiaux. Cela passe d'abord par leur modernisation. Le Premier ministre Dominique de Villepin m'a confié, à l'occasion de la conférence de la famille 2006, une mission sur le sujet. De ce travail encore inachevé, je tire déjà trois enseignements.

Premièrement, la création du COLCA en 2005, nouveau congé parental d'un an maximum, rémunéré 750 euros par mois, est une mesure intéressante qui permet aux mères de ne pas s'éloigner trop longtemps du marché du travail, tout en nouant des liens forts avec leur enfant. Mais un an, c'est une durée très courte compte tenu de la pénurie de places de garde d'enfants. Les mères qui choisissent cette solution sont fort dépourvues lorsqu'elles doivent trouver, à la fin de leur congé, une structure de garde pour leur enfant d'un an. Les tout-petits ont en effet pris les places disponibles chez les assistantes maternelles et dans les crèches. Si l'on souhaite généraliser ce congé parental d'un an, actuellement testé de manière expérimentale, il faudra ouvrir des places supplémentaires au premier anniversaire de l'enfant.

Je ne crois donc pas que ce congé, même mieux rémunéré, supplantera à court terme le congé parental de trois ans maximum à 500 euros par mois (l'APE) qui est, lui, particulièrement adapté à la demande des familles, puisqu'il permet à la mère de s'occuper de l'enfant jusqu'à son entrée en maternelle. Et pourtant, l'APE n'a pas que des avantages : éloignée longtemps du marché du travail, la mère peut avoir des difficultés à retrouver un emploi le moment venu.

Ma deuxième conclusion est que les congés parentaux devraient pouvoir être pris par les deux parents. Nous sommes à un tournant dans les équilibres familiaux, particulièrement entre le père et la mère. Si la mère continue de prendre en charge, selon les statistiques du Credoc, 80 % des activités domestiques, le temps passé par les pères, notamment à s'occuper de leurs enfants, s'accroît inexorablement.

Dans ce domaine, il y a un vrai fossé générationnel. Les « nouveaux pères » existent… j'en ai épousé un ! Ils sont bien plus impliqués dans la vie de leurs enfants. C'est un mouvement qui doit être encouragé, au bénéfice des enfants eux-mêmes.

Désormais, une vie professionnelle n'est plus linéaire. Elle se conçoit avec des temps de formation, parfois des temps de chômage et des temps de réorientation professionnelle. Pourquoi ne pas admettre aussi que des temps familiaux puissent être offerts aux pères, comme ils le sont aujourd'hui aux mères ? Voire mieux : partagés équitablement entre eux ? Cela suppose que les mentalités évoluent. Et le regard sur « l'homme au foyer » également. Cela passe sans doute par une incitation forte au démarrage : donner davantage de droits aux familles dès lors que chaque membre du couple prendrait sa part de congés.

Le COLCA est d'ores et déjà proposé aux deux parents ; il est encore trop tôt pour juger de l'engouement que cette mesure novatrice a suscité, mais j'en suivrai attentivement les résultats.

La troisième piste à laquelle je réfléchis est la suivante : le congé parental pourrait être pris, en totalité ou en partie, jusqu'aux seize ans de l'enfant. Nous avons en effet concentré notre politique familiale sur la petite enfance, avant l'obligation scolaire. Mais, comme le dit la sagesse populaire, « petits enfants, petits soucis, grands enfants, grands soucis ». Ne serait-il pas plus approprié de considérer le congé parental comme une « soupape » à laquelle on pourrait avoir recours à tout moment : en cas de difficultés scolaires, en cas de problèmes familiaux (séparation des parents, par exemple), en cas de maladie ou de crise d'adolescence particulièrement dure ?

Nul doute d'ailleurs que cette souplesse dans la prise des congés permettrait aux pères de s'impliquer davantage. Beaucoup de pères ne manifestent pas un goût particulier pour la garde des nourrissons ; mais leur intérêt serait sans doute plus grand si on leur proposait de s'arrêter le temps d'une année scolaire pour aider un de leurs enfants en difficulté.

Et pourquoi ne pas aller plus loin, en réservant au père une partie du congé parental, comme c'est déjà le cas en Suède ou en Norvège ? Ce serait une manière d'inciter les pères à prendre part aux soins apportés à l'enfant : une fraction du congé parental accordé au couple – deux mois, par exemple – ne pourrait être prise que par le père, et serait perdue s'il y renonçait.

Pas de maternelle à deux ans, mais des jardins d'enfants

Traditionnellement, les responsables politiques de droite ont privilégié les aides au retour de la mère au foyer, pour qu'elle puisse s'occuper des enfants. C'est ainsi qu'ont été mis en place, en France, des congés parentaux plus généreux que dans la plupart des autres pays occidentaux. Les structures collectives, comme les crèches, étaient quant à elles regardées avec méfiance, car le processus de socialisation précoce du bébé était loin de faire l'unanimité.

Aujourd'hui, les choses ont changé. D'abord parce que les crèches elles-mêmes se sont modernisées, jusqu'à devenir des lieux d'accueil pleinement respectueux des rythmes de l'enfant. Dans le même temps, les parents se sont mis à faire davantage confiance aux structures collectives, étroitement surveillées et réglementées, qu'aux assistantes maternelles qui accueillent les enfants dans des conditions désormais moins luxueuses, ou aux salariées à domicile, pour la plupart non qualifiées et dont le coût reste trop élevé pour des familles à revenus moyens. Enfin, les élus ont compris que les familles étaient de plus en plus demandeuses de structures de garde contrôlées, offrant toutes les garanties de sécurité et d'éveil précoce de l'enfant.

Le débat droite-gauche en matière de garde d'enfants s'est en revanche transporté sur la question de la scolarisation des enfants de deux ans, qui reste une véritable pomme de discorde politique. Est-ce un progrès de développer l'offre de places en maternelle dès le plus jeune âge ? Le désaccord est profond.

Je crois pour ma part, après avoir entendu un grand nombre de témoignages sur le sujet, qu'il est beaucoup trop rude de placer des enfants si jeunes – en dessous de trente mois – dans un univers scolaire « classique », c'est-à-dire une classe de vingt-cinq à trente et un élèves, confiée à un enseignant et une auxiliaire.

Il y a le stress que représente pour ces enfants, à un âge si tendre, la maîtrise de la propreté. Il y a cette immersion dans un groupe très nombreux, deux fois et demie les effectifs d'un groupe de crèche, où il risque de se sentir perdu. Il y a la difficulté à adapter, dans le cadre scolaire, la vie de la classe au rythme personnel de l'enfant – ses temps de sommeil notamment.

En revanche, je suis persuadée que les normes imposées aujourd'hui aux crèches pour l'accueil des enfants de deux à trois ans sont trop strictes (une infirmière pour diriger la structure, un effectif de huit enfants maximum par adulte, un personnel d'encadrement titulaire du diplôme d'État d'éducateur d'enfants ou du diplôme professionnel de puériculture...) et par conséquent trop coûteuses, au regard des soins que ces jeunes enfants doivent attendre.

On en arrive parfois à des situations absurdes : j'ai ainsi vu une crèche fermer, dans les Yvelines, alors qu'elle fonctionnait à la satisfaction de tous, parce que la collectivité était dans l'impossibilité de remplacer la directrice, compte tenu des qualifications exigées. Si ces normes sont adaptées à l'accueil des nourrissons, elles pourraient être largement assouplies pour les plus grands.

C'est pourquoi je suggère la création d'une structure intermédiaire, entre la crèche et la petite section de maternelle, dédiée à l'accueil des deux-trois ans. Un « jardin d'enfants » qui serait moins coûteux qu'un accueil de crèche et répondrait mieux aux besoins de l'enfant qu'une structure scolaire.

Je me suis aperçue, lors d'un déplacement à Brive-la-Gaillarde, que de telles structures existaient déjà en zone rurale. Ainsi, Jean-Pierre Dupont, le président du conseil général, m'a présenté les projets de maternelles adaptées dès l'âge de deux ans aux rythmes des tout-petits. Mais la taille réduite des classes permet en Corrèze de personnaliser l'organisation comme elle ne peut pas l'être dans les grandes villes.

La question pour ces « jardins d'enfants » est de savoir si on les place en milieu scolaire – ils seraient donc gratuits pour les parents, mais financés par l'impôt et encadrés par des professeurs des écoles – ou sous la compétence des municipalités, comme les crèches, avec un triple financement : caisse d'allocations familiales, parents et municipalité.

Si notre pays ne se caractérisait pas par un extrême cloisonnement administratif, je serais favorable à ce que la décision puisse être prise au cas par cas, en fonction des données sociologiques, géographiques et économiques de chaque territoire.

Ainsi à Vélizy-Villacoublay, ville pionnière dans ce domaine, des structures municipales existent déjà, mais on pourrait envisager d'y associer des structures inter-entreprises dans la zone d'activité qui accueille chaque jour plus de trente mille salariés. Dans d'autres territoires à démographie vieillissante, l'utilisation de locaux scolaires serait la solution la moins coûteuse, avec la possibilité de passer des conventions d'occupation entre la municipalité et l'État.

Des besoins différents en ville et à la campagne

Ce qui me frappe toujours, s'agissant de la petite enfance, c'est la différence de besoins selon les territoires. Dans certains départements ruraux, peu peuplés et où les déplacements s'effectuent assez facilement, les solutions collectives les plus adaptées à la garde de jeunes enfants sont l'assistante maternelle pour les tout-petits et les classes de plusieurs niveaux pour les deux-trois ans. En revanche, dès lors que des centres urbains agrègent une bonne partie de l'activité économique, il est possible d'organiser une prise en charge centralisée de la petite enfance. Elle peut être placée sous la responsabilité de la municipalité (ou de l'intercommunalité) et prendre la forme d'une maison de l'enfant, organisant un accueil multiple, de la crèche à la halte-garderie en passant par l'accueil périscolaire, centre social et aide aux devoirs inclus.

Il faut que des réponses souples puissent être apportées aux demandes des familles. Je peux en parler en connaissance de cause, ayant personnellement testé toutes les formules...

Plusieurs avancées ont eu lieu dans ce domaine depuis 2002. Le gouvernement a œuvré afin que des financements publics puissent aller aux crèches d'entreprises et aux entreprises de crèches. La tarification des crèches a changé de manière à encourager une gestion dynamique des places non occupées, et à augmenter l'accueil mixte crèche/halte-garderie. Le statut des assistantes maternelles a été revalorisé.

Mais il faut aller encore plus loin.

La possibilité doit être envisagée, pour les municipalités, de mettre à la disposition des assistantes maternelles des lieux de garde en centre-ville (appartements ou locaux municipaux) pour accueillir un petit nombre d'enfants. On constate en effet, particulièrement dans les grandes agglomérations, que l'offre d'assistantes maternelles ne correspond pas géographiquement à la demande. Les assistantes maternelles sont présentes dans les quartiers de logements sociaux, alors que leurs employeurs habitent les quartiers résidentiels. Il est difficile de les faire se rencontrer.

Pourquoi ne pas assouplir la loi afin que les assistantes maternelles puissent exercer leur métier en dehors de leur domicile ? Mais les réticences à cette évolution sont fortes. D'une part, les collectivités sont soupçonnées de vouloir créer ainsi des « crèches au rabais » dans un environnement de moins bonne qualité. D'autre part, les assistantes maternelles craignent de ne pas s'y retrouver financièrement car la plupart d'entre elles gardent leurs propres enfants, tout en exerçant leur métier à domicile.

Valider les acquis de l'expérience

La pénurie de personnel qualifié pour travailler en crèche doit nous amener à reconsidérer notre politique de recrutement, fondée essentiellement sur le diplôme initial. Comme en témoignait devant moi une directrice de crèche : « J'ai plus confiance, pour gérer les situations de crise, en la cuisinière de la crèche, une femme de caractère, très solide, qui a élevé quatre enfants, qu'en une jeune puéricultrice de vingt-deux ans, tout juste sortie de l'école. Et pourtant, je ne peux pas valoriser, dans la gestion du personnel, les qualités humaines de cette femme. »

C'est bien l'un des maux français : la diplômite aiguë. Ce syndrome qui fait que, pour la plupart d'entre nous, les dés sont jetés dès le départ. Si vous avez eu la bonne formation initiale, alors tout va bien, votre vie professionnelle est – relativement – assurée. En tout cas, votre carrière suivra un déroulement tout tracé, surtout si vous avez réussi à rejoindre la fonction publique. En revanche, l'absence de diplôme initial reste un handicap très difficilement rattrapable.

Cette situation est scandaleuse en termes éthiques, et dramatique en termes économiques. Scandaleuse parce que nous refusons ainsi de donner une deuxième chance à des personnes de grande qualité, qui se « révèlent » plus tard ou qui s'expriment pleinement dans l'action plutôt que sur les bancs de l'école. Dramatique, parce que nous privons de perspectives professionnelles des employés qui mettent du cœur à l'ouvrage mais se retrouvent dans l'impasse, faute de qualification.

Cette situation doit être particulièrement dénoncée dans le secteur sanitaire et social, celui des « emplois à la personne » dont nous savons – et Jean-Louis Borloo a pleinement pris la mesure de ce phénomène – qu'il est appelé à croître de manière considérable dans les années à venir.

Nous aurons besoin dans ce secteur d'une main-d'œuvre nombreuse et qualifiée. Il serait paradoxal que nous confiions les plus fragiles d'entre nous, c'est-à-dire les enfants, les malades et les personnes très âgées, à des employés sans qualification et sans perspectives. Sans même parler de ceux, nombreux, qui travaillent « au noir » ou sont issus de l'immigration clandestine.

Pour lutter contre ces phénomènes, nous devons continuer de valoriser les métiers du secteur sanitaire et social. Cela suppose de revoir intelligemment les dispositifs de formation continue.

Une mère exaspérée est ainsi venue déplorer auprès de moi l'organisation d'une formation au CAP « Petite Enfance » en cours du soir, à laquelle elle voulait inscrire son employée, mais qui avait lieu entre 17 et 20 heures, plage horaire où la jeune salariée était indispensable à la vie de la maison ! Les formateurs auraient sans doute dû réfléchir au fait qu'une nurse n'exerce pas son métier aux heures de bureau… Bien au contraire.

Je crois indispensable de remettre à plat les dispositifs de validation des acquis de l'expérience, dans le domaine sanitaire et social. J'ai eu la satisfaction de constater que Gérard Larcher, le ministre du Travail, avait engagé le gouvernement en ce sens. Là encore, nous avons besoin d'avancées résolues. La loi qui a été votée doit permettre de prendre réellement en compte les expériences, dans les perspectives de carrière professionnelle et familiale, s'agissant des mères qui ont élevé des enfants.

Je me fais ainsi le reproche de ne pas m'être suffisamment battue au moment de l'adoption du nouveau statut des assistants maternels et familiaux, au printemps 2005, pour que ceux-ci puissent bénéficier, au bout de cinq ans de métier, sous le contrôle des puéricultrices du département, d'une équivalence pour un diplôme de CAP Petite Enfance. L'Éducation nationale, maître absolu en matière de diplômes, n'a en effet consenti à leur accorder que le premier module de ce CAP, qui en comporte trois, au motif qu'ils n'avaient pas suffisamment de formation théorique et qu'ils n'exerçaient pas en collectivité. Cela signifie donc que, au bout de cinq années de garde d'enfants, une assistante maternelle qui postule dans une crèche municipale est considérée comme totalement dépourvue de qualification... Belle marque de reconnaissance de la société pour son activité passée !

On accorde bien le droit à une mère de trois enfants de se présenter, sans conditions de diplômes, aux concours de l'enseignement, y compris le CAPES. Pourquoi alors ne pas valider son expérience maternelle si elle souhaite travailler dans le secteur de la petite enfance ? Des passerelles devraient être tendues, qui cessent de survaloriser les notes obtenues aux enseignements théoriques, d'autant qu'il est souvent difficile de se remettre à étudier passé un certain âge, et avec une famille à charge.

Des perspectives nouvelles de promotion professionnelle devraient dans le même temps être ouvertes aux titulaires de diplômes : auxiliaires de puériculture, infirmières, puéricultrices. Ainsi, nul ne s'enfermerait dans un corporatisme étroit, défendant les acquis d'un statut censé le protéger, mais qui, en réalité, le prive de toute évolution. Cela suppose de promouvoir une vraie mobilité dans les carrières sanitaires et sociales. C'est un sujet sans doute tabou et nécessairement très complexe à mettre en œuvre, mais il faut s'y atteler, car ce sont les métiers de demain et ils doivent devenir véritablement attractifs pour ceux qui s'y engageront.

Un soutien scolaire généralisé

La conciliation de la vie professionnelle et de la vie familiale nécessite également un véritable soutien aux familles des enfants scolarisés. La plupart des écoles primaires organisent des accueils d'enfants hors du temps scolaire et des études dirigées pour les familles qui le souhaitent. Ce principe doit impérativement se généraliser au collège et au lycée dans le secteur public.

Je suis toujours choquée de voir des collégiens, soumis aux aléas des horaires de bus et de train, attendre dans le froid, l'hiver, l'ouverture de leur établissement scolaire. Ne pourrait-on pas ouvrir les portes un peu plus tôt pour leur offrir, dès le matin, un temps d'étude surveillée et chauffée ?

De même, il me paraît nécessaire de proposer à tous les parents qui le souhaitent des heures d'étude surveillées en dehors des horaires scolaires, de façon à donner aux élèves un cadre adapté pour effectuer leurs devoirs, avec des possibilités de soutien scolaire en cas de besoin. Au collège et au lycée, c'est à l'État de mettre en place les financements adéquats, soit en heures supplémentaires pour les enseignants, soit par recours à des vacataires, étudiants ou en cumul emploi-retraite.

Je ne suis pas de ceux qui pensent qu'il appartient à l'école d'éduquer les enfants à la place de leurs parents. Mais je ne suis pas non plus convaincue par ceux qui estiment que le rôle de l'école doit se borner à la transmission de savoirs durant les heures de cours, et qui refusent par conséquent d'organiser un suivi individualisé des élèves tenant compte de leurs difficultés. L'école n'est certainement pas une garderie. Mais l'apprentissage ne se fait pas uniquement pendant les heures de cours. L'apprentissage des méthodes de travail, y compris savoir faire seul ses devoirs, devrait figurer dans l'agenda scolaire.

Je souhaite que le fonctionnement des établissements du second degré, en particulier les collèges, qui accueillent des élèves encore bien jeunes, prenne une part active à la conciliation des rythmes de vie familiaux et professionnels.

Des droits à la retraite pour le parent au foyer

Il est également nécessaire d'ouvrir une réflexion sans tabou sur la prise en compte, dans le calcul des droits à la retraite, du temps passé par une mère – ou désormais un père – à élever ses enfants, qu'elle y consacre plusieurs années ou qu'elle décide de travailler à temps partiel après une naissance.

L'utilité sociale du parent qui élève son enfant est en effet méconnue par notre système social. Son implication familiale entraîne la diminution du revenu de son foyer, alors que ses enfants contribueront à l'équilibre futur de nos systèmes de retraite par répartition. Il y a là une profonde iniquité.

Les salariées qui gardent des enfants à domicile ou en structure collective sont, elles, assurées en matière de retraite !

De nos jours, de plus en plus de couples se séparent : cette réalité fait peser sur les femmes qui arrêtent de travailler un risque jusqu'à présent sous-estimé, qui n'est pas acceptable et qui doit être en partie pris en charge par la solidarité nationale.

Une meilleure organisation du temps de travail

L'organisation du temps de travail est une autre donnée essentielle en matière de conciliation de la vie familiale et de la vie professionnelle. Les femmes sont quatre fois plus nombreuses que les hommes à travailler à temps partiel. Parfois par choix, souvent de manière contrainte. Les gouvernements successifs ont tenté à maintes reprises de promouvoir le temps partiel « choisi » afin que des salariés plus nombreux puissent à la fois travailler et être présents auprès de leurs enfants. Ces initiatives n'ont pas été couronnées de succès, les contraintes de l'organisation des entreprises venant souvent contrecarrer les souhaits des salariés.

L'instauration des 35 heures a, de ce point de vue, constitué un remarquable progrès, avec la possibilité, pour les parents, de prendre leurs heures de réduction du temps de travail le mercredi après-midi, de raccourcir les semaines, d'allonger les week-ends ou de bénéficier de davantage de vacances. C'est pour cette raison que je ne souhaite pas, contrairement à un certain nombre de parlementaires de ma famille politique, une remise en cause radicale de cette législation. Je pense qu'en termes de qualité de vie elle a pu constituer un progrès pour les familles.

Mais je crois en revanche qu'il faut dire la vérité aux Français : la réduction du temps de travail a un coût. On ne peut pas, ni collectivement ni individuellement, s'enrichir en travaillant moins. Les 35 heures ont à la fois un coût pour la plupart des entreprises, puisque celles-ci doivent payer plus de charges salariales et sociales si elles veulent maintenir leur niveau d'activité, un coût pour l'État, puisqu'il compense en partie ces charges et que ses services publics sont moins productifs, et un coût pour les salariés, puisque les 35 heures limitent la progression des salaires et donc du pouvoir d'achat. On ne peut pas tout avoir. Il était prévisible qu'un gel des salaires et une diminution du pouvoir d'achat suivraient l'instauration des 35 heures : les entreprises cherchent naturellement à produire à un coût qui reste compétitif. En outre, les compensations de charges sociales consenties par l'État au bénéfice des entreprises passées aux 35 heures ont eu pour conséquences des disparités de traitement entre les salariés et l'existence de six Smic différents : c'était là une grande injustice, à laquelle s'est à juste titre attaqué le gouvernement Raffarin.

Je crois qu'il faut poser l'équation en termes clairs. Chaque salarié doit pouvoir soit privilégier le temps libre et sacrifier sa feuille de paye, soit travailler plus et gagner plus. La difficulté provient de ce que les parents de jeunes enfants et d'adolescents ont besoin des deux à la fois. De temps libre, pour être présents auprès de leurs enfants. Et de gagner davantage, pour agrandir leur logement, subvenir aux besoins de leurs enfants, partir en vacances… Le choix n'est certes pas facile, mais l'important, c'est qu'il soit proposé, et non qu'une norme uniforme soit imposée à tous.

Les études d'opinion récentes prouvent d'ailleurs que les Français sont très partagés sur cette question du temps de travail. Les hommes souhaitent majoritairement travailler davantage pour un meilleur salaire et les femmes, disposer de plus de temps libre, à salaire égal.

Reste le problème de l'organisation de la vie de famille lorsque l'on travaille dans une petite ou moyenne entreprise qui n'est pas aux 35 heures. La généralisation des 35 heures à ces petites structures n'est pas envisageable compte tenu de son coût. Or ce sont aussi les entreprises qui offrent à leurs salariés le moins d'avantages à caractère familial (crèches d'entreprise, comités d'entreprise, etc.). Pour elles, il faudrait envisager la possibilité de créer des « tickets-crèche » sur le modèle des tickets-restaurant, hors charges sociales, afin d'alléger le coût pour les familles de la garde d'enfants.

Et pourquoi ne pas envisager, pour des raisons d'équité, que les salariés dont l'entreprise n'est pas soumise aux 35 heures se voient crédités d'un compte-épargne temps qui leur permette, au bout d'un certain nombre d'années, de prendre des congés parentaux rémunérés ? Une réflexion dans ce sens devrait être lancée, car il existe aujourd'hui de trop grandes disparités dans les conditions de travail des salariés des grandes et petites entreprises.

Et l'ouverture des magasins le dimanche ?

Enfin, comment tenter de favoriser l'harmonie de la vie familiale et de la vie professionnelle sans se poser la question de l'ouverture des magasins le dimanche ? À l'origine, j'y étais hostile, car je pensais qu'autoriser des salariés à travailler le dimanche n'était pas rendre service aux parents. Je voulais que la loi les protège, en conservant le caractère particulier de cette journée de repos hebdomadaire où toute la famille se retrouve, sans école ni obligations professionnelles, pour un temps entièrement consacré aux loisirs et à l'échange.

Mais ma perception des choses a évolué. Le « repos dominical » n'a pas le même sens pour tout le monde aujourd'hui, selon que l'on vit à Nogent-sur-Marne, à Quimper ou à Marseille. Car les rythmes de vie, pendant la semaine, sont loin d'être les mêmes : horaires de bureau, temps de déplacements professionnels, proximité des commerces… Les modes de vie sont disparates sur l'ensemble du territoire.

Si l'on prend l'exemple de la grande couronne parisienne, la semaine y est essentiellement consacrée à la vie professionnelle et aux trajets – parfois très longs – qui l'accompagnent. Les achats sont donc, en règle générale, concentrés le samedi, même si l'ouverture tardive de certains hypermarchés et les 35 heures permettent, pour les courses alimentaires, un peu de souplesse pendant les jours de semaine. On ne s'étonnera donc pas que l'ouverture des magasins le dimanche soit plébiscitée par 75 % des Franciliens !

Les chiffres, d'ailleurs, le prouvent. Dans les magasins d'habillement et de décoration d'Usines Center, par exemple, dans ma circonscription, on compte trois mille clients les jours de semaine, sept mille le samedi et douze mille le dimanche. Ils réalisent 35 % de leur chiffre d'affaires hebdomadaire ce jour-là.

Pour les familles des grands centres urbains, ne pas pouvoir faire ses achats le dimanche, c'est être condamné à les faire le samedi dans des magasins bondés. En province, la situation est sensiblement différente. Pour augmenter la qualité de vie de milliers de familles, il me semble donc indispensable d'autoriser l'ouverture des magasins le dimanche sur une partie du territoire, là où le besoin s'en fait clairement sentir.

On me rétorquera que cette décision reviendrait à créer une concurrence déloyale qui pourrait s'exercer au détriment des commerces qui choisiraient de rester fermés le dimanche. Mais le développement considérable du commerce par Internet prouve bien que les

Français attendent une plus grande souplesse dans l'accès aux lieux de vente ! De plus en plus, les consommateurs refusent de s'agglutiner dans les centres commerciaux ou de passer leur samedi dans les queues des hypermarchés. Les modes de consommation évoluent, et la loi ne peut continuer de l'ignorer.

C'est pourquoi j'ai demandé, en tant que députée, une réflexion et une concertation sur les territoires et les types d'activité qui pourraient faire l'objet d'une large dérogation à l'interdiction d'ouverture des magasins le dimanche. Les partenaires sociaux seraient en outre invités à poser les garde-fous nécessaires afin que la loi mette en place les protections et les gratifications adaptées pour les salariés concernés. Le travail le dimanche ne pourrait pas légalement être imposé par l'entreprise, mais devrait faire l'objet d'un accord du salarié et être compensé par un repos et une gratification salariale.

L'harmonie entre vie professionnelle et vie familiale est loin d'être un sujet mineur. Elle est au cœur de « l'art de vivre » dans la cité. S'il ne cherche pas à améliorer en priorité cet équilibre-là, sur quelle base le politique peut-il espérer convaincre le citoyen et l'emmener avec lui dans un projet de société réconciliée ?

3

La femme, encore trop souvent victime

La loi du plus fort

J'ai un désaccord de fond avec Élisabeth Badinter et certaines féministes françaises. Selon elles, il ne faudrait jamais poser la femme en victime. Il y aurait autant d'hommes victimes que de femmes. Dire le contraire contribuerait à donner de la femme une image diminuée, à lui refuser son statut d'égale de l'homme. Je comprends le point de vue, mais je ne le partage pas. Si je suis la première à appeler de mes vœux une société mixte, où toutes les opportunités seraient également réparties entre hommes et femmes, je ne peux pas nier la vérité crue des situations auxquelles j'ai été confrontée. Cette vérité, c'est que la force physique, c'est l'homme qui, en règle générale, la possède. Et que la loi du plus fort s'exerce encore trop souvent, dans la France d'aujourd'hui, au détriment des femmes. A-t-on vu beaucoup d'hommes violés ?

Elle s'appelle Jeanne. Elle vient me voir à ma permanence parlementaire, défaite. Son mari, dont elle est séparée après huit ans d'enfer, de violences conjugales psychologiques et physiques, vient de frapper leur petit garçon. Celui-ci s'est enfui et reste introuvable. Branle-bas de combat pour le retrouver. L'enfant de huit ans reste prostré. Hors de contrôle. Il faudra que j'aide Jeanne à avoir un rendez-vous chez le pédopsychiatre, parce qu'il y a des mois d'attente.

Tout s'est déglingué dans sa vie, petit à petit. Son mari, un ingénieur en apparence bien sous tout rapport, commence à la frapper. Elle culpabilise : c'est elle, la maladroite, qui le pousse à bout, qui l'exaspère. À cause de lui, elle arrête de travailler. Elle vit de plus en plus recluse avec ses enfants. Il l'isole du reste du monde et lui fait peu à peu perdre confiance en elle. C'est une altercation plus violente que les autres, où il lui casse le nez, qui la pousse à s'enfuir, avec ses enfants. Mais un nouveau drame éclate. Alors qu'elle a eu le courage de partir pour échapper à cet enfermement malsain, le juge aux affaires familiales décide de confier la garde de ses enfants à son mari. Dans les affaires de violences familiales, la justice a en effet beaucoup de mal à clarifier les torts respectifs des deux membres du couple ; elle juge donc, dans le cas de Jeanne, dont le mari l'accuse d'affabuler pour lui prendre les enfants, que ceux-ci doivent rester dans leur élément naturel, c'est-à-dire l'appartement conjugal, dans la ville où ils ont toujours vécu, plutôt que d'être « déracinés » chez leur mère.

Jeanne s'effondre une première fois et vient voir sa députée. Pour clamer son ressentiment face à cette justice qui n'a pas su voir ce qu'elle avait elle-même si bien caché à son entourage, que nombre des amis du couple sont venus témoigner en faveur du mari… C'est tout le drame des violences conjugales. Les vraies victimes ont honte et font tout, pendant des mois voire des années, pour sauver la face. Comment, dès lors, convaincre le reste du monde que cette apparente harmonie n'était que la façade d'une souffrance cachée ?

Même pour la députée qui reçoit ainsi des femmes en plein désarroi, la tâche est difficile. Il ne faut pas se laisser abuser par une mère qui chercherait à noircir son « ex » pour le priver du droit d'héberger les enfants. Les affabulatrices existent aussi. J'en ai rencontré. Qui portaient parfois des accusations terribles… et totalement fausses !

Mais, en laissant simplement parler votre interlocutrice, un certain nombre de signes ne trompent guère. Une manière de présenter les choses, peut-être. Un désarroi sincère, sans exagération ni effets de manches. Une peur réelle de l'autre, qui se décèle physiquement, dans un regard. Un sentiment d'autodépréciation et d'impuissance, aussi.

Des amis psychiatres n'ont pas manqué de me mettre en garde : « Il est très difficile de prendre parti dans les conflits conjugaux, on ne sait pas qui est l'auteur ni qui est vraiment la victime… » À plusieurs reprises pourtant, j'ai reçu des témoignages poignants dont je ne pouvais mettre en doute l'authenticité. Et je me suis mobilisée pour aider ces personnes, avec mes faibles moyens.

Dans ces situations, on se rend compte que le député devient un confident, mi-confesseur, mi-médecin de l'âme. Il est particulièrement frappant, quand on est une femme, de voir le nombre de femmes (et d'hommes, aussi !) qui viennent spontanément vers vous pour évoquer des problèmes familiaux. Mais un député est aussi la « relation » de ceux qui n'en ont pas. On attend de vous des conseils, des pistes, des portes qui s'ouvrent, des médiations… et des changements dans les lois.

En finir avec l'omerta

La vérité, c'est qu'il y a eu en France, jusqu'à une période récente, une véritable omerta sur les violences conjugales, que les pouvoirs publics ne voulaient pas voir parce que cela imposait une intrusion dans la vie privée des couples. Dès 2002, lors d'un déjeuner avec Nicole Ameline, nommée ministre déléguée à la Parité et à l'Égalité professionnelle, j'évoque avec elle le sujet, forte du témoignage de Jeanne. « José Maria Aznar, lui dis-je, a eu le courage de lancer un grand plan de lutte contre les violences faites aux femmes, tu devrais t'emparer de ce sujet, il y a un véritable déni de justice. »

C'est ce qu'elle a fait, avec le talent et l'obstination qu'on lui connaît. Le Sénat prendra la relève et une loi de lutte contre les violences conjugales sera adoptée à l'unanimité à l'hiver 2005-2006. Je suis particulièrement fière d'une disposition que j'ai défendue dès l'origine : désormais toute femme victime pourra faire expulser son conjoint ou son concubin violent du domicile du couple, y compris s'il en est propriétaire, au lieu d'avoir à s'enfuir comme une voleuse, au risque de perdre, comme Jeanne, la garde de ses enfants !

Mes prises de position contre les violences conjugales aussitôt connues dans le département des Yvelines, je fus saisie d'une question tout aussi taboue et sous-estimée par les responsables politiques : celle des mariages forcés.

Appelons-la Malika. Elle habite une ville où le gouvernement a lancé un grand plan de rénovation urbaine, pour casser les quartiers HLM devenus des ghettos. Elle a quarante ans, trois enfants, et elle est récemment séparée de son mari. Elle vient juste témoigner. De ce qu'elle a vécu, il y a presque vingt ans. Un mariage « arrangé » par ses parents installés en

France, avec un jeune homme « du pays ». C'était banal, c'était comme ça. Elle ne voulait pas, mais elle n'a pas trouvé la force d'affronter sa famille ni de couper les ponts, car elle les aimait. « Et mes parents croyaient faire le meilleur choix pour moi. » Pourquoi vient-elle voir une députée, après toutes ces années ? Parce que des mariages forcés continuent de se produire, dans notre pays, au XXIe siècle, et qu'elle veut me dire que ce n'est pas seulement du fantasme, qu'il faut les dénoncer, aider les jeunes filles à s'émanciper. Elle parle des « vacances » où l'on marie à la va-vite des jeunes filles souvent mineures, qui ne comprennent pas ce qui leur arrive. Et là aussi, l'omerta, le déni de la réalité.

Je persuade Patrick Bloche, député socialiste de Paris et président de la mission parlementaire sur la famille, dont je suis la rapporteure, que les mariages forcés sont non seulement une atteinte à la liberté d'aimer et de se marier dans la patrie des droits de l'homme, mais aussi une violence faite aux enfants par leurs parents. Nous organisons une grande table ronde, et les témoignages sont édifiants.

Il y a là Gaye Petek, la représentante de la communauté turque en France, dont j'avais déjà pu apprécier le franc-parler et la lucidité sur la cause des femmes lorsque j'effectuais mes premiers pas dans l'administration, en tant que chargée de mission au Fonds d'action sociale pour l'insertion des travailleurs immigrés et de leur famille (FAS[1]). Elle confirme que son association reçoit chaque semaine plusieurs dénonciations de mariages forcés, concernant la seule communauté turque… La directrice adjointe du FAS, elle, minimise la situation, pour ne pas « stigmatiser » les familles.

1. Rebaptisé depuis lors FASILD, Fonds d'action et de soutien pour l'intégration et la lutte contre les discriminations.

Mais elle se fait assez sèchement remettre à sa place par la représentante de l'association Ni putes, ni soumises qui l'accuse de nier le réel, comme l'avait longtemps fait l'administration française pour les pratiques d'excision, aujourd'hui sévèrement sanctionnées.

Même si l'on ne connaîtra jamais les chiffres exacts, on peut estimer à plusieurs milliers, par recoupement entre les travaux des chercheurs et ceux des associations, le nombre de jeunes filles qui sont chaque année données en mariage à des hommes contre leur gré. Des jeunes hommes seraient aussi concernés. Ces chiffres ne peuvent nous laisser indifférents. D'autant qu'ils contrastent violemment avec la petite vingtaine d'annulations de mariages prononcée l'an dernier par les tribunaux français.

Lutter contre un esclavage moderne

Il faut cependant prendre garde à ne pas faire l'amalgame entre les mariages arrangés et les mariages forcés. La pratique des mariages arrangés n'est pas critiquable en tant que telle, elle a toujours existé et existera tant qu'il y aura, dans le monde, des « marieuses » ! La frontière entre mariages arrangés et mariages forcés est ténue mais elle existe : c'est celle du libre consentement. Lorsqu'il y a violence psychologique ou physique, le mariage doit pouvoir être dénoncé car il devient, selon les termes mêmes des Nations unies, une forme d'esclavage moderne.

Comment agir ? La mission parlementaire de la famille réfléchit et propose des solutions autour d'un triptyque : prévenir, éduquer, protéger.

Prévenir les mariages forcés, c'est évidemment d'abord relever à dix-huit ans l'âge minimal du mariage pour les jeunes femmes, car les mineures sont particulièrement vulnérables en raison de leur immaturité, de leur grande dépendance à l'égard de leur famille et de leur incapacité juridique.

Il faut ensuite remédier à une situation invraisemblable : la société française a instauré, par de nouvelles règles d'immigration posées en 2003, un contrôle de la réalité du consentement des époux bien plus efficace pour lutter contre les mariages blancs – c'est-à-dire limiter l'immigration clandestine – que pour éviter les mariages forcés – c'est-à-dire garantir une liberté publique. N'est-ce pas paradoxal ? Nous qui nous targuons d'être le pays des droits de l'homme ! Ce n'est pas acceptable.

Que faire ? Donner à la justice les moyens d'agir. Aujourd'hui, seule la victime d'un mariage forcé est autorisée à saisir le procureur de la République. Or elle n'est évidemment pas la mieux placée pour le faire, car elle est soumise à des pressions, des menaces ou parfois envoyée dans le pays d'origine de sa famille, où sera conclu le mariage. Il faut donc permettre à un tiers de dénoncer le mariage forcé : bien souvent les proches – le vrai « petit ami », les camarades de classe... – sont en mesure de le faire. Une fois saisi, dès lors qu'il y a un doute sérieux sur la réalité du consentement d'un des époux, le procureur devrait pouvoir surseoir à la célébration du mariage ou à sa transcription en droit français s'il a été conclu à l'étranger. En amont, il faut aussi pouvoir auditionner les futurs époux, même lorsque l'un d'eux réside à l'étranger – et c'est le cas le plus fréquent.

Mais ces dispositifs de prévention seraient inutiles s'ils n'étaient pas complétés par des mesures d'éducation et de protection.

Les règles républicaines du consentement au mariage sont parfois mal connues. Les jeunes filles savent qu'elles doivent dire « oui », mais ignorent qu'un « oui » extorqué sous la contrainte n'est pas un véritable « oui » au regard de la loi, et qu'elles peuvent le contester devant le juge. Il suffirait de quelques cours d'éducation civique pour sensibiliser les jeunes, mais aussi leurs familles, sur des points fondamentaux comme celui-ci.

Faut-il aller jusqu'à créer une sanction pénale spécifique pour punir les parents coupables de mariages forcés ? Je ne le crois pas. L'objectif est de libérer la parole et les actes des jeunes femmes, et non de leur faire porter la culpabilité de voir leurs parents condamnés par la justice. Bien souvent, les parents croient faire « le bien » de leurs enfants, et les enfants en sont conscients. La formulation claire, dans le Code civil, de la nullité de tout mariage conclu sous la contrainte aura valeur d'interdit. Et un arsenal de sanctions bien suffisant existe en cas de violences graves, d'enlèvement ou de séquestration.

Dépasser parfois les clivages droite-gauche

Je ne remercierai jamais assez Patrick Bloche, le député socialiste de Paris, de m'avoir soutenue dans ce combat. Car défendre des articles de loi pour prévenir les mariages forcés en janvier 2006, au lendemain des événements qui embrasèrent les banlieues, n'était pas évident. Quelques députés de gauche cherchèrent à caricaturer notre initiative pour y voir une nouvelle discrimination anti-immigrés. Mais les parlementaires socialistes de la mission furent solidaires de notre travail. Et c'est à leur soutien que nous devons d'avoir fait progresser les libertés publiques et les droits des femmes dans notre pays. Ils ont fait preuve d'un esprit de responsabilité qui contraste avec les non-dits d'une certaine gauche bien-pensante qui, de l'excision au voile en passant par les mariages forcés, refuse trop souvent de voir la réalité en face et de parler des sujets qui fâchent, dès lors qu'ils touchent des Français issus de l'immigration.

De cet épisode, je retire le sentiment qu'il existe des questions qui peuvent échapper aux jeux de rôle politiciens pour faire l'objet de consensus droite-gauche. J'observe que de nombreux pays européens réussissent à faire l'union nationale sur de grands sujets de société. Je crois que les Français attendent de leurs responsables politiques qu'ils sachent davantage œuvrer à la recherche de solutions dépassant les clivages idéologiques. La pratique inédite, qu'a instaurée Jean-Louis Debré, des missions parlementaires pluralistes, dont le président appartient à l'opposition et le rapporteur, qui tient la plume, à la majorité, est un remarquable outil de travail parlementaire. Elle permet de déminer des sujets à risques, d'éviter les lois « yo-yo », faites par un camp et défaites dès l'alternance, d'empêcher les postures classiques qui font que l'opposition s'oppose pour s'opposer, au lieu d'améliorer un projet par ses différences. C'est une voie d'enrichissement de la vie démocratique, dans un pays où les querelles idéologiques s'estompent. Que ce soit sur l'accompagnement de la fin de vie, l'effet de serre, l'interdiction du tabac dans les lieux publics ou la réforme de la justice après Outreau, des progrès décisifs ont été accomplis dans la sérénité, redonnant tout son lustre au travail parlementaire. C'est certainement une voie d'avenir.

Alors, le droit des femmes, un « non-sujet » ?

Après ces deux exemples, qui osera encore affirmer qu'il n'y a plus de combats à mener pour les droits des femmes dans la société française ? Contrairement à ce que beaucoup veulent croire, le plein et entier respect des femmes, dans leur libre arbitre et leur dignité, n'est pas encore totalement assuré dans notre pays.

Plusieurs personnes ont critiqué mon engagement lorsque j'ai parlé de mener des « combats pour les femmes ». Certains m'ont même écrit qu'il y avait mieux à faire pour un responsable politique que de s'occuper de ce « non-sujet »... Je reste néanmoins persuadée que la question des droits des femmes n'est pas épuisée. Quand je vois qu'aujourd'hui certains réclament des horaires spéciaux de piscine pour les femmes, des médecins « femmes » pour ausculter des femmes, quand je constate que des femmes sont encore harcelées dans certains quartiers pour le crime de se promener en minijupe... je m'inquiète d'une véritable régression dans notre pays. Les violences conjugales, c'est une façon de rabaisser les femmes. Les mariages forcés, c'est aussi une manière de freiner l'intégration et l'émancipation des femmes.

Je crois que l'égalité hommes-femmes, pour devenir une donnée incontestable, doit s'apprendre dès l'école. C'est pour cela que j'ai défendu la loi sur la laïcité qui proscrivait le port de signes religieux ostentatoires à l'école.

À l'origine, j'étais pourtant farouchement opposée à l'adoption de cette loi. Pour moi, la laïcité à la française, fruit de l'histoire et de nombreuses « guerres de religion », me paraissait un compromis équilibré, entre le respect des convictions religieuses de chacun et le bon fonctionnement du service public de l'Éducation nationale.

Membre du Conseil d'État avant d'être élue députée, j'avais observé avec quelle prudence le juge s'était saisi de la question du voile islamique ou de celle d'étudiants juifs refusant de passer des examens le samedi matin pour cause de shabbat.

Ayant rédigé un projet de décret obligeant les Français à poser « tête nue » sur leur carte d'identité, j'avais dû faire face aux réticences de conseillers d'État spécialistes des questions d'intégration, qui m'opposaient les traditions culturelles et la pudeur des femmes musulmanes. Pour moi, il était évident que la « laïcité républicaine » telle que nous la pratiquions depuis des décennies était nourrie du respect de l'autre, ouverte et tolérante.

À l'école, le Conseil d'État obligeait ainsi à apprécier au cas par cas chaque situation individuelle. Le port d'un signe religieux, quel qu'il fût, voile, kippa, grande croix, n'était pas en lui-même interdit dans l'enceinte scolaire. Ce n'est que s'il s'accompagnait, de la part de l'élève, d'un comportement qui portait atteinte aux règles fondamentales de l'enseignement public – le refus d'assister à certains cours, par exemple – ou si les conditions dans lesquelles il était porté s'apparentaient à de la provocation ou du prosélytisme, que le chef d'établissement pouvait réagir.

Une position prudente, nuancée, qui avait cependant, en raison même de sa subtilité, pour effet pervers d'obliger parfois les chefs d'établissement à réintégrer des élèves indûment sanctionnés, mais qui, accompagnée de l'action de médiateurs scolaires, avait permis de contenir, depuis la fin des années 1980, l'arrivée dans les écoles de signes religieux ostentatoires, notamment du voile islamique.

Devenue députée, je redoutais que l'intervention du législateur, comme un éléphant dans un magasin de porcelaine, ne vienne briser l'équilibre ainsi trouvé, toujours fragile. Mais j'ai changé d'avis.

Quand nécessité fait loi

Un maire de ma circonscription m'a appelée un matin pour m'avertir qu'une principale de collège se trouvait en difficulté. Des élèves voilées convoquées en conseil de discipline s'étaient présentées devant elle avec un avocat ! Ce chef d'établissement était profondément déstabilisé face à ces jeunes qui connaissaient finalement mieux qu'elle le droit et la procédure disciplinaire. Confrontée à cette situation concrète, j'ai pris conscience que la jurisprudence du Conseil d'État, dans sa subtilité et sa sagesse, n'était plus adaptée.

Il nous fallait une loi, claire, simple, sans fioritures, qui exprime la volonté de la nation et vienne conforter l'autorité des chefs d'établissement et des recteurs. Nous ne pouvions rester indifférents à leurs appels au secours.

La quasi-totalité des chefs d'établissement auditionnés par la commission Stasi[1] m'a confirmée dans ce sentiment : ils demandaient l'affirmation d'une règle claire et objective, qui soit écrite et assumée par le pouvoir politique, afin qu'ils puissent exercer sereinement leur mission.

J'ai brutalement réalisé que, quinze ans après l'adoption de la jurisprudence du Conseil d'État sur la laïcité à l'école, les choses avaient changé. Cette jurisprudence ne permettait plus désormais de faire face à

1. Créée en juillet 2003 par Jacques Chirac, la commission Stasi (du nom de Bernard Stasi, médiateur de la République) a travaillé pendant plusieurs mois sur « l'application du principe de laïcité dans la République ». Elle a rendu son rapport en décembre, après avoir auditionné de nombreux représentants de la société civile et des institutions religieuses de France.

la montée des revendications identitaires, aux affrontements de plus en plus fréquents dans les établissements autour de questions religieuses, ni à la radicalisation intégriste.

Or l'intégrisme musulman, en incitant – parfois en forçant – les jeunes filles à porter le voile à l'école, en édictant pour elles des règles de comportement différentes de celles de leurs camarades masculins, freine leur intégration dans la société française, ferme leurs perspectives professionnelles et les entretient dans un repli communautariste totalement contraire au « creuset français ». Nous devions réaffirmer que l'école était le premier lieu d'émancipation de la femme. C'est par l'instruction que les femmes ont, peu à peu, conquis leur indépendance, en France comme en Turquie ou au Maghreb.

Dans la constitution de la patrie des droits de l'homme figure un principe fondamental d'égalité des sexes. Toutes les religions présentes sur notre sol doivent s'y plier. Nous ne devons pas avoir peur de dire à tous ceux qui défendent une vision de la femme inférieure ou soumise à l'homme qu'en France, la femme est un homme comme les autres.

C'est pour cela que j'ai défendu bec et ongles le projet de loi que le gouvernement Raffarin avait rédigé, avec beaucoup de courage et d'à-propos, interdisant dans l'école « les signes qui manifestent ostensiblement l'appartenance religieuse des élèves ». Plus besoin ainsi pour les chefs d'établissement de porter un jugement subjectif sur le comportement provocateur ou prosélyte de l'élève, rien qu'un constat objectif : cet insigne religieux trouve-t-il ou non sa place dans l'école laïque, celle de notre République ?

Le signe religieux qui est interdit, c'est celui qui exclut l'élève du reste de la communauté scolaire, qui l'empêche de se mêler aux autres du fait de son appartenance religieuse ostensiblement affichée et immédiatement reconnue, et qui n'a pas sa place dans l'enceinte des écoles publiques. Ce sont le voile, la kippa ou la grande croix.

En revanche, je reste hostile à une interdiction totale de tous les signes religieux « visibles », qui s'étendrait aux signes discrets, petites croix, étoiles de David, corans miniatures… que sais-je ?

D'abord parce qu'une telle interdiction, trop rigide, serait contraire au principe constitutionnel de la liberté de conscience, qui doit être concilié avec celui de laïcité. Ensuite parce que l'enfance, et surtout l'adolescence, sont des périodes de construction de l'identité, notamment religieuse, et qu'il n'appartient pas à l'école de s'immiscer dans cette réflexion intime.

Enfin parce qu'une telle interdiction serait purement et simplement inapplicable : une chemise s'entrouvre et le signe religieux invisible devient visible ; faut-il le confisquer ? L'élève porte une médaille souvenir, mi-talisman, mi-héritage, sans connotation religieuse particulière ; faut-il lui demander de l'enlever ? Se poser en permanence ce genre de questions, ce n'est pas franchement le rôle des chefs d'établissement…

Il n'y a rien de pire qu'une loi qui ne peut être appliquée, car elle devient vite le symbole de l'impuissance du législateur, de l'État et du politique. Ce constat d'impuissance fait le lit de tous les extrémismes et particulièrement du Front national. C'est pourquoi nous devons chercher, dans la délicatesse, des solutions à même de sauvegarder notre pacte républicain.

Les résultats de cette loi parlent d'eux-mêmes : peu de contestations, un communautarisme religieux enrayé à l'école et, contrairement à ce que les Cassandre prédisaient, pas de jeunes filles totalement déscolarisées... La loi aura fait, dans ce domaine, œuvre utile.

Mais j'ai la conviction que les combats pour l'égale dignité des femmes sont loin d'être terminés. Il nous faudra, dans les années qui viennent, continuer d'œuvrer pour cette cause, au plan international certes, mais aussi et d'abord chez nous. Tout comme il faudra aider les femmes, devenues mères, à sortir des difficultés financières qui ravagent les familles les plus vulnérables.

4

Familles vulnérables : comment les aider ?

Un soir d'hiver, je rends visite au nouveau bus de l'association Versailles Accueil, stationné à proximité de la plus grande gare d'Île-de-France, Versailles-Chantiers. C'est une modeste camionnette blanche dont j'ai permis l'achat, grâce aux fonds de la réserve parlementaire. Dehors, il gèle. Dans le bus, des sans domicile fixe, des êtres qui, peu ou prou, ont fait de la rue leur quotidien, se recroquevillent autour d'un café. Il y a des hommes seuls, mutiques ou tonitruants. J'y croise aussi des jeunes, qui veulent témoigner d'une vie de petits boulots sans lendemain, de squats et d'errance de foyers en hébergements d'urgence. J'y rencontre aussi Katia, une mère de famille de quatre enfants, épuisée d'avoir à faire face, seule, aux difficultés de la vie. Elle revient d'une énième visite à l'assistante sociale et repart dans le deux-pièces qu'elle partage avec ses enfants, avec une seule crainte, qu'on les sépare à nouveau.

Les chiffres sont sans appel. En France, un million d'enfants vivent sous le seuil de pauvreté. Mais, comme en témoigne l'expert du CERC[1] que j'interroge dans le cadre de la mission sur la famille et les

1. Conseil de l'emploi, des revenus et de la cohésion sociale.

droits de l'enfant, il faut y ajouter un autre million d'enfants qui vivent moins de 10 % au-dessus de ce seuil. Au total, deux millions d'enfants ont des conditions de vie extrêmement précaires.

Je rencontre l'un des dirigeants d'une grande chaîne de distribution alimentaire, dont le plus grand magasin en région parisienne est installé dans ma circonscription. Il me raconte comment le chiffre d'affaires de ses magasins, dans les territoires les plus déshérités de notre pays, fluctuent en fonction de la date de versement du RMI. Il m'explique que les familles les plus pauvres, qui ne peuvent pas s'offrir de fruits ni de viande, achètent à leurs enfants des sachets de bonbons en vrac, pour quelques euros, histoire d'adoucir le quotidien. Riz et bonbons : un régime alimentaire qui fait toucher du doigt les carences nutritionnelles des enfants des familles les plus défavorisées et justifie l'urgence de la mise en place d'un suivi sanitaire national des jeunes enfants !

Selon l'Observatoire des zones urbaines sensibles, les enfants scolarisés en zones d'éducation prioritaire (ZEP) présentent deux fois plus de dents cariées que les autres et sont moins nombreux à porter des lunettes… Les inégalités sociales génèrent, on le sait, d'importantes inégalités en matière de santé.

C'est un chantier auquel je me suis attelée lors du récent examen au Parlement de la loi sur la protection de l'enfance. Il m'est apparu nécessaire de remettre la médecine scolaire au cœur d'une politique de prévention en santé publique. Il existe en effet des carences criantes dans le suivi sanitaire de certains enfants, mais aussi de la plupart des adolescents.

Or les troubles sensoriels, les troubles de l'apprentissage, les troubles alimentaires, la dépression, la toxicomanie… font souffrir l'enfant et le handicapent souvent durablement avant d'être diagnostiqués.

L'enfant cache la plupart du temps ses problèmes, les parents ne les voient pas ou sont dans le déni, à moins qu'ils n'aient tout simplement pas les moyens financiers d'envisager un traitement.

L'école est le seul endroit où l'on peut détecter ces troubles car tous les enfants y passent. C'est pourquoi j'ai proposé que tous les trois ans, dès l'âge de trois ans et jusqu'à quinze ans, un examen gratuit global et approfondi puisse être réalisé, dont le contrôle serait exercé dans le cadre scolaire. Car nous devons donner à chaque enfant la même protection en matière de santé.

Ce dispositif ambitieux ne se mettra pas en place en un jour. J'ai prévu, dans la loi, que six ans d'efforts volontaristes seront nécessaires pour le concrétiser. Il faudra d'abord définir des « zones de santé prioritaire », celles où la prévention est actuellement le moins bien assurée et dans lesquelles il est urgent d'agir. Elles incluraient les établissements scolaires des zones d'éducation prioritaire, mais aussi ceux des zones rurales, où les élèves peuvent pâtir de la pénurie de médecins.

Dans un pays riche comme le nôtre, il est scandaleux qu'il soit encore difficile de bien se nourrir quand on est pauvre. Mais le coût des produits frais, particulièrement des fruits et légumes, est dissuasif. De nombreuses études attestent du développement de l'obésité dans l'ensemble de la population, particulièrement chez les personnes aux revenus les plus faibles qui se tournent vers une alimentation trop grasse, par ailleurs souvent plébiscitée par les enfants.

J'ai découvert, au travers de déplacements en province, que les prix des cantines scolaires, qui dépendent des communes dans le primaire et des départements au collège, pouvaient varier considérablement. Leur adaptation en fonction du revenu des familles n'est pas systématique. Selon l'Inspection générale de l'Éducation nationale, en 1999, en zones d'éducation prioritaire, seuls 31 % des élèves fréquentaient la cantine, alors qu'ils étaient 60 % ailleurs. Voilà qui démontre que le coût de la cantine reste déterminant pour certaines familles.

Or, quelle meilleure garantie pour une alimentation saine et équilibrée que de voir l'enfant inscrit à la cantine de l'école ? Sans parler, bien entendu, des effets d'intégration sociale d'un repas pris avec ses camarades. Il faut absolument généraliser, sur tout le territoire, la cantine à petits prix, voire gratuite, pour les familles les plus démunies.

Favoriser le retour à l'emploi des parents isolés

En 2004, près de trois familles sur cinq recevant l'aide du Secours catholique étaient « monoparentales ». Une famille monoparentale, en clair, c'est une mère seule qui doit faire face à l'ensemble des charges de la famille. 14 % de ces familles vivent sous le seuil de pauvreté, contre 6 % des couples avec enfants.

Parmi ces mères seules, huit sur dix ne travaillent pas et la moitié ne vivent que grâce à l'allocation de parent isolé. Elle garantit aux jeunes mères un minimum de moyens financiers, mais elle n'a qu'un temps. Il faut donc tout mettre en œuvre pour que ces femmes ne s'installent pas dans un chômage de longue durée qui les fera basculer sans transition de l'allocation de parent isolé au RMI, les plongeant de manière presque irréversible, elles et leurs enfants, dans la grande pauvreté, voire l'exclusion.

Cela suppose de changer d'attitude vis-à-vis de ces familles. De passer d'une politique d'assistance, fondée sur le versement d'allocations, avec la bonne conscience qui les accompagne, à une politique d'aide personnalisée au retour à l'emploi. Pour cela, il faut regarder la réalité en face et remettre en cause certaines idées reçues : non, les femmes seules ne sont pas mieux à la maison, auprès de leurs enfants. Au contraire, il est indispensable qu'elles gardent un contact avec le monde extérieur, qu'elles ne se replient pas sur leur espace familial, dont, une fois leurs enfants scolarisés, elles ne pourront plus s'échapper et qui se transformera en « trappe à pauvreté », pour elles et leur progéniture.

Avec quelques collègues, je me suis rendue en Grande-Bretagne, afin d'étudier le programme mis en place par Tony Blair, qui a eu pour résultat une diminution de 25 %, dans ce pays, du nombre d'enfants vivant sous le seuil de pauvreté. Il est vrai que les Britanniques partaient d'une situation beaucoup plus dramatique que la nôtre. Les députés d'outre-Manche m'exposent leur *« New Deal for lone parents »*, un programme spécifique de retour à l'emploi des parents isolés.

Pour eux, c'est par le travail que l'on peut faire reculer la pauvreté des familles. Ils évoquent le parcours de ces femmes seules avec enfants, qui doivent suivre un cheminement « a, b, c » : *« any job, better job, carrier*[1] *»*. La reprise d'un emploi, même à temps très partiel, est la première étape de la réinsertion des mères isolées. Ensuite seulement, souvent avec la scolarisation de l'enfant, celles-ci pourront prétendre à un meilleur emploi (temps plein, travail plus qualifié). Puis elles pourront renouer avec une logique de progression professionnelle classique, de « carrière ».

La France paraît, dans ce domaine, bien loin du pragmatisme britannique…

---

1. N'importe quel travail, un meilleur travail, une carrière.

Les trois mesures phares du plan Blair pourraient pourtant nous inspirer. D'abord, une prime de recherche d'emploi de 112 euros par mois est versée pendant six mois maximum aux parents seuls qui sont au chômage depuis un an et s'engagent à chercher activement un emploi. Ensuite, une allocation d'activité de 228 euros par mois est accordée aux parents seuls qui retrouvent un emploi de plus de 16 heures par semaine, pendant un an. Enfin, les frais de garde des enfants de mères seules à la recherche d'un emploi sont entièrement pris en charge. Résultat : depuis 1997, le taux d'emploi des femmes soutiens de famille a augmenté de 40 % !

Nous devons, à notre tour, lever tous les obstacles qui tiennent les mères seules à l'écart du marché du travail et finissent par les engluer dans l'assistanat. Cela suppose de changer radicalement notre approche et de faire le choix du travail comme vecteur privilégié pour réduire la pauvreté des familles. Les mères seules confrontées au chômage ne choisissent évidemment pas délibérément de vivre de minima sociaux. Simplement, l'ensemble des contraintes et des frais à engager pour retrouver le chemin de l'emploi, avec les soins que leurs enfants nécessitent, constituent souvent des obstacles insurmontables.

Le premier d'entre eux est celui de la garde des enfants, très difficilement accessible aux femmes en recherche d'emploi, et coûteuse dès lors qu'elle ne s'effectue pas dans le cadre d'une crèche publique. 3 % des familles monoparentales mettent leurs enfants en crèche. 80 % d'entre elles gardent elles-mêmes leurs enfants. Si l'on veut lutter contre le chômage des femmes, il faut donc en priorité accroître et diversifier l'offre de garde des jeunes enfants. On ne peut que saluer la détermination dont les gouvernements Raffarin et Villepin ont fait preuve dans ce domaine :

7 850 places de crèche créées en 2005, tandis que Mme Royal, alors ministre de la Famille, et que l'opinion crédite à tort d'un bon bilan en la matière, en créait 264 en 2000 !

Les « espaces multi-accueil », qui se développent grâce à la nouvelle tarification mise en place dans les crèches, permettent de déposer un enfant pour une demi-journée, afin de passer des entretiens d'embauche par exemple. Ils sont un outil essentiel pour le retour à l'emploi des mères. Le coût de la garde d'enfant est également un facteur dissuasif dans les calculs financiers de toutes les familles pour la reprise d'un emploi. L'instauration d'un véritable droit de l'enfant à être gardé, que j'évoquais précédemment, fait partie des priorités de politique familiale qui seules permettront aux femmes d'aborder sereinement la question de l'emploi.

Le deuxième obstacle, c'est l'absence de véritable contact entre ces mères fragilisées et le monde du travail. C'est pourquoi, dans les dispositifs d'accompagnement personnalisé des chômeurs mis en place par l'ANPE, nous devons impérativement faire une place particulière aux femmes qui bénéficient de l'allocation de parent isolé.

Enfin, il est nécessaire de mettre en place des incitations financières pour favoriser le retour au travail des femmes seules. Car l'ensemble des coûts auxquels elles ont à faire face pour prendre un emploi est, pour elles plus encore que pour d'autres, un frein massif au retour à l'emploi déclaré.

Revaloriser les revenus du travail

C'est dans cette optique que s'inscrit le récent rapport du président d'Emmaüs France, Martin Hirsch,

« Famille, vulnérabilité, pauvreté ». S'il s'interdit de cibler ses aides sur tel ou tel type de famille, il évoque lui aussi les thématiques de retour à l'emploi et de pouvoir d'achat. Même si ses propositions paraissent à ce jour irréalistes sur le plan financier, je crois qu'il indique la direction à suivre, autour de l'idée maîtresse selon laquelle le travail doit payer davantage que l'assistance.

Cela suppose de s'attaquer au chantier complexe de la mise en cohérence de l'ensemble des prestations sociales dont bénéficient les titulaires de minima sociaux, pour que la reprise d'un emploi leur soit financièrement favorable. Nous avons superposé des dispositifs – aides au logement, tarifs sociaux pour les services publics, avantages familiaux (gratuité pour les enfants sous certaines conditions de ressources, allocation de rentrée scolaire, etc.), couverture maladie universelle... – dont la perte représente un manque à gagner considérable, particulièrement pour les familles, lorsque les parents retrouvent un emploi.

Or, si les minima sociaux sont malheureusement devenus le quotidien d'une partie de la population, pour d'autres, et ce n'est pas la moindre des injustices, le travail ne permet pas de franchir le seuil de pauvreté. On estime ainsi à un million le nombre de travailleurs pauvres en France qui ne peuvent pas se loger ni vivre décemment.

Au cœur du projet politique de la droite et du centre, il doit y avoir, me semble-t-il, la certitude donnée à chaque Français que le travail paye, et qu'on peut vivre dignement de ses revenus.

Cela signifie d'abord que chaque heure travaillée doit se traduire par une hausse du revenu net de la famille. J'ai été confrontée à l'indignation d'une mère de famille qui, ayant retrouvé un emploi à temps partiel, se voyait réclamer un trop-perçu de RMI égal au montant de son salaire. C'est logique au regard de l'administration, mais aussi parfaitement injuste : au total, sa situation est identique, sur le plan financier, qu'elle travaille ou non ! Voilà une belle manière de récompenser sa détermination à s'en sortir...

Une étude de la Direction de la Sécurité sociale du ministère de la Santé a montré qu'une reprise d'activité à quart temps au Smic diminue le revenu de la personne concernée, même pendant la période dite « d'intéressement », où le RMI peut désormais être cumulé au salaire. À mi-temps, au Smic, le gain de salaire est compris entre 100 et 200 euros par mois pendant la période d'intéressement, et tombe entre 20 et 50 euros au-delà de cette période !

Le différentiel entre les minima sociaux – avec les avantages associés – et le Smic n'est clairement pas assez important dans notre pays. Et avec un Smic, il n'est pas possible de faire vivre sa famille dans une grande ville... Pour augmenter le salaire net de chacun, nous avons commencé à réfléchir à la possibilité d'alléger les charges sociales salariales, en transférant une partie de leur montant sur d'autres assiettes, taxe sur la valeur ajoutée (TVA) sociale, par exemple. Si l'on diminuait les charges salariales, on pourrait revaloriser les revenus du travail d'autant. Mais les conséquences d'une hausse de la TVA sur l'emploi restent incertaines et pourraient être néfastes, notamment dans des industries de main-d'œuvre comme le BTP (bâtiment et travaux publics).

Pour un véritable impôt négatif

Une autre piste, que je privilégie, pour augmenter le salaire direct, consiste à transformer la prime pour l'emploi, donnée aujourd'hui de manière dégressive aux salariés percevant entre 1 et 1,4 SMIC, en véritable « impôt négatif », c'est-à-dire en supplément de salaire versé chaque mois par l'État, sur la feuille de paye. L'idée directrice, c'est de changer notre regard sur l'impôt sur le revenu. Et de dire que si, au-dessus d'un certain revenu, il est normal de payer un impôt progressif, il est à l'inverse normal, en dessous d'un certain revenu, de recevoir un complément de revenu, d'autant plus important que le salaire est faible. L'intérêt d'un tel dispositif d'impôt négatif, c'est de ne pas faire peser la hausse des salaires directs sur les entreprises, tout en augmentant l'écart entre revenu du travail et revenu d'assistance. Le Parlement pourrait, chaque année, fixer le taux de l'impôt négatif.

De tels systèmes de solidarité existent dans de nombreux pays occidentaux. Ils tiennent compte de la nécessité de maintenir, dans des économies soumises à la compétition mondiale, un salaire concurrentiel pour les travailleurs peu qualifiés, pour éviter les délocalisations, tout en mettant en place un système de redistribution à leur profit. C'est une application pure et simple de la déclaration des droits de l'homme qui indique que chacun doit contribuer à l'impôt à concurrence de ses moyens.

Enfin, il est nécessaire, comme la Cour des comptes l'a indiqué à plusieurs reprises, de réexaminer la politique d'allégement de charges sociales sur les entreprises. Concentrée sur les bas salaires, cette politique a conduit les entreprises à « écraser » les salaires autour du Smic. Or rien de plus décourageant pour des personnes qui travaillent que de ne voir aucune perspective sensible de hausse de salaire à l'horizon. Il ne suffit plus de dire que cette « smicardisation » de la société française a été accentuée par l'instauration des 35 heures, dont le coût pour les entreprises a été compensé par un gel des salaires. Il faut aujourd'hui sortir de ce cercle vicieux et éviter à tout prix les « effets de seuil » fiscaux qui dissuadent l'employeur d'augmenter les salaires.

Nous avons un système de prestations sociales généreux, les plus déshérités d'entre nous bénéficient de nombreux « filets de sécurité », mais il est scandaleux que ceux qui mettent toute leur énergie à entrer ou revenir sur le marché du travail n'y trouvent pas un vrai surcroît de bien-être dans leur vie quotidienne.

Et les familles nombreuses ?

J'ai longuement évoqué le cas des familles monoparentales, les plus touchées par la pauvreté, mais je ne veux pas passer sous silence une deuxième catégorie de famille fragilisée : les familles nombreuses. Pour des raisons similaires, les revenus du travail des parents ne sont pas toujours suffisants pour garantir à ces familles de sortir de la pauvreté. Surtout lorsqu'un, voire deux parents sont sans emploi. Et la difficulté à trouver un logement de taille adaptée s'ajoute à la diminution des aides apportées aux familles de plus de trois enfants, dans une société où tous les éléments du mode de vie – logement, voiture, etc. – semblent calibrés pour une famille de quatre membres : papa, maman et les deux enfants. Il y a une vraie question à poser, que soulèvent Michel Godet et Évelyne Sullerot dans leur rapport pour le commissariat au Plan, sur l'appauvrissement des familles nombreuses : celle du transfert de la fiscalité directe de l'impôt sur le revenu, bénéficiant du quotient familial, vers la CSG qui, elle, n'est pas familialisée.

Au fil du temps et des modernisations fiscales, la société française a proportionnellement diminué son aide aux familles de plus de trois enfants, surtout celles des classes moyennes. Selon le rapport[1] de Claude Thélot, en 1998, deux parents gagnant ensemble 20 000 francs (2 900 euros), avec quatre enfants, ont un pouvoir d'achat équivalant à celui d'un smicard célibataire. C'est un choix de société qui, me semble-t-il, est passé relativement inaperçu. Je ne suis pas sûre qu'il résulte d'une volonté politique claire.

Néanmoins, il a eu les effets qu'on aurait pu anticiper – avec l'aide, sans doute, des évolutions sociologiques et de l'émancipation des femmes : le nombre de familles de plus de trois enfants a considérablement diminué, et ce sont ces familles nombreuses qui manquent à l'appel en matière démographique, si l'on compare nos statistiques à celles des années 1960-1970. Est-il encore temps de changer d'attitude ? Est-ce souhaitable ? C'est un débat qui devrait pouvoir être ouvert, sans apparaître dépassé.

Je ne suis pas favorable à une fusion entre l'impôt sur le revenu et la CSG, pour en faire un seul et unique impôt, comme le propose le parti socialiste pour 2007. D'abord, parce que les objets de ces impôts sont différents : la CSG vient abonder les comptes sociaux, l'impôt sur le revenu le budget de l'État. Ensuite, parce qu'ils ne touchent pas les mêmes personnes. Enfin, parce que l'un tient compte des charges de famille et l'autre non. Les impératifs de

1. Claude Thélot, Michel Villac, *Politique familiale : bilans et perspectives. Rapport à Mme la ministre de l'Emploi et de la Solidarité et à M. le ministre de l'Économie, des Finances et de l'Industrie,* Paris, ministère de l'Économie, des Finances et de l'Industrie, 1998.

bonne gestion vont devenir cruciaux pour notre pays dans les années qui viennent, avec un endettement insoutenable de 17 800 euros par Français, qui ne cesse de s'alourdir et nous prive des marges de manœuvre nécessaires en matière d'investissements pour l'avenir. Si d'aventure le parti socialiste devait mettre en œuvre cette proposition, qui figure en bonne place sur son programme, la question de la familialisation de l'impôt global qui en résulterait se poserait clairement. Et je me battrais pour qu'avec la fusion le dispositif du quotient familial, pilier de notre politique familiale, ne disparaisse pas.

La pauvreté touche aussi les jeunes adultes

Si j'ai souhaité aborder le problème de la pauvreté à travers le prisme de l'enfant, c'est parce que celui-ci est plus fragile, victime impuissante de la société dans laquelle il vit, et que c'est aux autorités publiques d'agir pour le protéger. Mais j'ai bien conscience que l'enfance ne se limite plus aujourd'hui au tout jeune âge.

Comment rester indifférente alors que, de plus en plus fréquemment, des parents viennent me voir à ma permanence, accompagnés de leurs enfants de vingt-cinq voire trente ans, en recherche de formation ou d'emploi. Moi qui ai quitté le domicile parental à dix-sept ans pour partir faire mes études, qui ai vécu à Tokyo puis à Moscou avant l'âge de vingt-deux ans, je n'arrive pas à croire que les jeunes puissent être heureux de la dépendance dans laquelle ils se trouvent aujourd'hui, de plus en plus tard, vis-à-vis de leur famille. On parle de « jeunes adultes » pour la tranche des 18-25 ans, mais certains sociologues les surnomment les « adulescents », plus vraiment des adolescents, pas encore des adultes… Or, entrer dans l'âge adulte, c'est avant tout conquérir son autonomie financière, et c'est aujourd'hui de plus en plus difficile.

Les jeunes sont dans un « trou noir » de politiques sociales. Plus couverts par des allocations familiales, pas encore éligibles aux minima sociaux. Les familles se sentent bien souvent démunies face aux difficultés d'insertion de leurs enfants devenus grands, d'autant qu'ils leur coûtent infiniment plus cher qu'au temps de l'enfance. Je ne suis cependant pas favorable aux projets socialistes de mettre les jeunes sous perfusion d'argent public au travers d'une allocation d'autonomie qui ressemblerait à s'y méprendre à un « RMI jeunes ». N'oublions pas qu'à la création du RMI aussi, son versement devait avoir une contrepartie en termes d'activité… On a vu le résultat.

Je suis persuadée que rien ne serait plus dissuasif pour des jeunes adultes que d'être rémunérés en dehors d'une contrepartie travaillée.

En revanche, il est nécessaire de revoir en profondeur le système des bourses universitaires, avec une augmentation sensible de leur montant et un élargissement des familles éligibles. Dans le système actuel, les enfants des familles qui vivent loin des pôles universitaires sont particulièrement désavantagés car il leur faut trouver à se loger et assurer, en dehors du cocon familial, les charges de la vie quotidienne. Il faut tenir compte de ces frais d'éloignement. Une politique de résidences étudiantes mais aussi de résidences de jeunes travailleurs, lorsque les étudiants trouvent leur premier emploi, devrait être relancée et entrer systématiquement dans les quotas de logements sociaux des communes.

La lutte contre la pauvreté, particulièrement celle des enfants, par une politique sociale efficace, fondée sur l'accès au travail et la juste rémunération de l'effort, me paraît une thématique essentielle de tout projet politique. Parce qu'il n'y a rien de plus désespérant pour des parents que de penser qu'ils ne pourront pas offrir à leurs enfants une vie meilleure que la leur !

J'ai beaucoup parlé des femmes. Le moment est venu de parler de l'autre moitié de l'humanité…

5

Jamais sans les pères !

Automne 2004. Ils sont venus à cinq, dans ma permanence de 30 m² du quartier du Mail à Vélizy-Villacoublay. Ils sont déterminés. Certains relativement conciliants, d'autres tout simplement furieux. Ils viennent me dire tout le mal qu'ils pensent de mes récentes prises de position sur la résidence alternée.

Cinq hommes en colère

Depuis deux ans, des pédopsychiatres, des associations de protection de l'enfance et des avocats spécialisés dans les questions de divorce ont attiré mon attention sur les problèmes posés par les gardes alternées pour les tout-petits. N'est-il pas trop dur pour un nourrisson, un petit enfant, de devoir migrer chaque semaine du domicile de maman à celui de papa ? À le priver ainsi de ses repères quotidiens, sa chambre, son lit, ses jouets, ne risque-t-on pas de perturber peu ou prou son développement ? Ne faut-il pas réaffirmer le besoin du tout-petit d'évoluer dans un univers stable et rassurant et ce, quel que soit l'état des relations entre ses parents ?

Le pédopsychiatre Maurice Berger, dont les théories sur l'attachement sont portées aux nues par certains et décriées par d'autres, se fait le chantre de la stabilité de l'entourage du tout-petit et du rôle primordial joué par la mère dans les premières années de la vie.

La Défenseure des enfants[1], Claire Brisset, qui est pour moi une partenaire de travail exigeante et stimulante, s'est elle aussi emparée du sujet, et bataille sans répit pour une limitation de la résidence alternée des tout-petits.

Convaincue que la stabilité affective et matérielle est nécessaire à l'enfant, je dépose à l'été 2004 une proposition de loi demandant qu'une conférence réunissant des professionnels de la petite enfance détermine l'âge minimum à partir duquel un enfant peut être confié alternativement à chacun de ses parents en résidence alternée. La réaction des associations de pères ne se fait pas attendre. Je serais une femme « pétrie de préjugés », « assujettie au lobby des mères », je voudrais priver les pères de leur droit à construire une relation pleine et entière avec leur enfant dès son plus jeune âge...

Un premier rendez-vous est pris.

Ces pères m'exposent le drame qui est le leur : une séparation trop précoce après la naissance, qui n'est pas toujours de leur fait, et leur volonté, même s'ils ne sont plus le compagnon de la mère, d'assumer pleinement leurs responsabilités de père. « Et croyez-nous, ce n'est pas en nous permettant de voir un nourrisson un week-end sur deux que vous nous ferez devenir des pères. Si pendant trois ans, vous nous soumettez à ce régime, vous découragerez beaucoup de bonnes volontés. » Je mesure alors leur détresse.

1. Le Défenseur des enfants est une autorité indépendante créée par le Parlement en 2000. Pour des informations détaillées sur ses missions : http://www.defenseurdesenfants.fr

Pourtant, ils ne me convainquent pas tout à fait. Après tout, un responsable politique est aussi un individu comme les autres, façonné et mûri par ses propres expériences. Et ce jour-là, je réagis d'abord en mère, avec mon expérience vécue de la maternité, qui me fait juger instinctivement qu'un tout-petit ne peut pas être arraché au giron maternel et trimbalé à hue et à dia sans dommage, si minime soit-il.

Il me faudra un an de réflexion et de travail sur cette question pour évoluer, pour comprendre, pour nuancer ma position. C'est l'observation de la vie quotidienne des familles françaises qui, peu à peu, va me faire prendre conscience que le principal mal dont souffre aujourd'hui une partie de nos enfants, c'est l'absence du père.

Le drame de l'absence du père

Je l'avais déjà constaté chez les jeunes délinquants dont je m'étais occupée. Ce qui frappe immédiatement, quand on parle avec les jeunes multirécidivistes les plus déstructurés, les plus asociaux, quand on étudie leur parcours, c'est la dégradation chez eux de l'image du père. Père absent, père parti, père dépossédé des attributs de l'autorité, père méprisé, haï…

J'ai longtemps cru qu'il s'agissait de situations extrêmes. Puis je me suis rendu compte que les enfants en souffrance étaient de plus en plus nombreux, sans qu'ils tombent pour autant dans la transgression systématique et la délinquance. Car les séparations et les conflits familiaux font toujours les mêmes victimes collatérales : les enfants.

La société ne doit-elle pas travailler à consolider la place des pères auprès de leurs enfants, les encourager à jouer pleinement leur rôle et leur en donner les moyens ? C'est malheureusement très difficile. Aujourd'hui, plus d'un tiers des grands adolescents, à partir de seize ans, ne vivent plus avec leurs deux parents. Or c'est à cet âge-là que se produisent les crises adolescentes les plus dures. Et 60 % des enfants de couples séparés ne voient leur père qu'au mieux une fois par mois !

Et pourtant, 95 % des enfants nés hors mariage sont reconnus par leur père. Ce qui signifie que le père est aujourd'hui bien plus présent qu'il ne le fut en d'autres temps auprès de son enfant, dès la naissance. Il faut donc tout faire pour empêcher que les liens qu'il noue avec lui dans les premiers mois de sa vie ne se distendent par la suite. En appliquant un principe très simple : on peut se séparer de sa compagne, on ne peut pas se séparer de son enfant.

La possibilité offerte par la loi d'un partage des droits de garde, grâce à la résidence alternée, joue ici un rôle symbolique fort. Le Code civil reconnaît ainsi le rôle éducatif du père et invite les juges à ne pas systématiquement confier la garde à la mère, lorsque les parents sont d'accord pour s'occuper à deux de l'enfant ou, à l'inverse, si la garde de l'enfant donne lieu à des déchirements dans le couple.

Certes, on ne doit pas exagérer l'ampleur du phénomène : la garde alternée ne concerne que 10 % des jugements de divorce. En général, elle est organisée une semaine sur deux et, dans la plupart des cas, il s'agit d'une demande des parents.

Restreindre dans la loi les possibilités de résidence alternée aboutirait, j'en suis persuadée, à une diminution de la présence du père auprès de son enfant. C'est précisément ce que je ne veux pas. D'autant que l'expérience m'a appris que la plus grande souffrance, pour l'enfant, est de voir ses parents se déchirer, pas d'avoir deux foyers différents. Si la résidence alternée permet au couple séparé d'avoir une relation pacifiée, alors l'enfant en est la plupart du temps le premier demandeur, même si cela aura des conséquences importantes sur l'organisation de sa vie.

La loi doit s'adapter à la diversité des situations

La résidence alternée, en outre, est couramment pratiquée par des couples d'ex-concubins en dehors de tout contrôle du juge. C'est tout le paradoxe de notre droit de la famille : le législateur rédige des lois complexes, extrêmement précises et contraignantes, pour protéger les plus faibles – les femmes et les enfants, dans la conception traditionnelle de la famille – tandis que les familles, de plus en plus nombreuses, se construisent en dehors du cadre de la loi, dans un concubinage au long cours, sur le déroulement duquel le juge n'a pas à porter de regard tant qu'il n'est pas saisi d'un différend par l'un des deux membres du couple.

N'oublions pas qu'en 2005, 59 % des premiers-nés et 40 % des cadets sont venus au monde hors mariage. C'est un véritable bouleversement des pratiques sociales qui doit nous amener à reconsidérer notre manière de faire les lois. Le législateur ne peut se focaliser uniquement sur l'institution du mariage, pour garantir l'unité des familles et la sécurité des plus faibles, quand autant de couples vivent « hors la loi », c'est-à-dire en dehors de son cadre protecteur. Le risque est d'ailleurs qu'en multipliant les contraintes pesant seulement sur les époux, on dissuade encore davantage les couples de choisir le mariage. C'est pourquoi nous avons décidé, en 2003, de simplifier et de pacifier les procédures de divorce. Il était plus que temps !

S'agissant de l'exercice de l'autorité parentale, et donc de la résidence alternée, je suis intimement persuadée que la loi ne doit pas imposer de cadre rigide qui ne s'adaptera jamais à la diversité des situations particulières que les juges aux affaires familiales auront à connaître.

En revanche, des guides pratiques, accessibles et précis, réalisés par des professionnels de la petite enfance sous l'égide du ministère de la Justice, devraient être fournis gratuitement aux parents pour les conseiller et les aider à gérer des situations dont ils n'ont pas encore perçu toutes les conséquences dans leur vie quotidienne. Ils y apprendraient, par exemple, que les pédopsychiatres recommandent que les berceaux des bébés soient identiques chez les deux parents : de cette manière, l'enfant baigne dans le même environnement ; chez son père comme chez sa mère, il est chez lui, sans aucun stress.

Par ailleurs, la résidence alternée ne doit pas obligatoirement s'entendre comme un partage strict (50 % du temps chacun), un oukase sanctionnant de manière intangible un rapport de force égalitaire entre le père et la mère. Lorsque l'enfant est tout petit, tous les aménagements doivent rester possibles.

J'ai ainsi rencontré un pilote de ligne qui pratique la résidence alternée un mois sur deux, avec son ancienne compagne, elle-même hôtesse de l'air. Ils s'organisent ainsi pour profiter de leurs congés respectifs. Les pédopsychiatres critiqueraient certainement cette façon de faire, mais dans le cas de cette famille, séparée mais ayant gardé des rapports harmonieux, cela se passe très bien. Du danger de faire des généralités dans ce domaine...

En droit de la famille plus que dans tout autre domaine, la diversité des situations individuelles justifie le « cousu main », ce que la loi ne peut évidemment pas assurer ! Laissons-lui donc la charge de fixer les grands principes et non de régler les détails de la vie de chacun.

Il n'en reste pas moins que la résidence alternée demeure un luxe pour la plupart des parents séparés. Ne serait-ce que parce qu'elle nécessite deux appartements assez grands pour recevoir les enfants dans de bonnes conditions, et une proximité géographique des parents pour qu'ils puissent se rendre tous les jours dans la même école.

Les députés sont régulièrement saisis par les mouvements de pères qui dénoncent les déménagements intempestifs de leur ancienne compagne, qui les privent de fait de la présence de leurs enfants. Je me suis ainsi demandé si, en cas de déménagement du parent qui a la garde, celui-ci ne devrait pas être incité à supporter la moitié des frais de transport des enfants jusqu'à leur second parent… Mais, là encore, il est difficile d'établir une norme unique pour des comportements et des situations toujours différents.

Je me suis aussi retrouvée confrontée à la détresse d'enfants devenus grands, dont le père (parfois la mère) avait purement et simplement cessé de donner signe de vie, depuis des années. Ces enfants peinent à reconstruire une cellule familiale stable, parce qu'ils gardent en eux cette béance, cette absence. Il est terrible pour eux de ne pas pouvoir « couper le cordon » qui les relie à ces parents légaux, qui sont loin d'être des parents tout court. C'est pourquoi je souhaite que les sanctions des parents qui « abandonnent de fait » leurs enfants soient durcies par une déchéance partielle ou totale de l'autorité parentale. Sauf, bien entendu, si l'abandon n'est pas le résultat d'une décision volontaire de leur part – car il arrive que le parent qui a la garde des enfants fasse tout pour que les liens avec l'autre parent se rompent.

Et les beaux-parents dans tout ça ?

Derrière la question des pères séparés s'en profile bien souvent une autre : quid des éventuels beau-père ou belle-mère appelés, lorsque la famille se recompose, à prendre une place dans l'éducation des enfants au quotidien ?

Aujourd'hui, plus de trois enfants sur quatre vivent toujours avec leurs deux parents, mariés ou non. C'est un chiffre important, qui bat en brèche le sempiternel discours sur la fragilité des familles ! Mais ils sont déjà deux millions d'enfants de moins de dix-huit ans à vivre avec un seul parent, et plus d'un million à partager le foyer familial avec un beau-parent. Et la tendance à la séparation et à la recomposition des couples continue de croître. Dans les années qui viennent, de plus en plus d'enfants seront donc appelés à vivre au sein d'une parentèle multiple, qui ne se réduira pas à la famille « nucléaire » traditionnelle : papa, maman et les enfants.

Le législateur, confronté à ces situations nouvelles, doit faire preuve de créativité. Dans tous les pays occidentaux, une réflexion est en cours, pour l'heure inaboutie, sur la place légale qui devra être faite à ces « parents en plus », ces « parents sociaux », ces adultes qui aident les parents à élever les enfants.

Au départ, j'imaginais que la solution viendrait de la définition, par la loi, d'un « statut du beau-parent » définissant clairement, dans le Code civil, ses droits et ses devoirs. Excès de cartésianisme bien français ! L'expérience et les réalités auxquelles j'ai été confrontée m'ont montré que je faisais complètement fausse route.

Pourquoi ? Parce qu'il n'y a pas grand-chose de commun entre un beau-père ou une belle-mère qui va rester pour toujours, et celui ou celle qui ne restera que six mois. Parce que ce n'est pas la même chose d'arriver dans la vie d'un tout jeune enfant ou dans celle d'un adolescent. Parce qu'il y a des beaux-parents qui veulent s'investir dans l'éducation de leurs beaux-enfants et d'autres qui éviteront résolument de le faire. Parce que, dans certains cas, le conflit entre les parents séparés va venir contrarier la relation entre beaux-parents et beaux-enfants.

Il serait vain de vouloir tout codifier. Donner un « statut » au beau-parent, c'est inévitablement le placer en rival du parent dont il a pris la place. Une rivalité exacerbée, bien sûr, quand c'est le beau-parent qui partage le quotidien de l'enfant. Sans compter que l'enfant pourra juger le beau-parent responsable de l'irréversibilité de la séparation de ses parents. Et l'on sait combien les jeunes enfants de parents séparés mettent du temps à se faire à l'idée que ceux-ci ne revivront plus ensemble.

Ainsi, donner un « statut » au beau-parent, avec des droits sur l'enfant et des devoirs envers lui, risque de rompre les fragiles équilibres que les familles recomposées ont su bâtir, et de mettre fin à une harmonie le plus souvent fondée sur le fait que, justement, le beau-père ou la belle-mère ne cherche pas à empiéter sur la relation de l'enfant à ses parents.

Il fallait imaginer une solution beaucoup plus souple, et surtout la mettre à la disposition des familles qui le souhaitent, et en aucun cas l'imposer comme une norme universelle.

C'est pourquoi j'ai finalement proposé aux membres de la mission parlementaire sur la famille de créer un dispositif, novateur sur le plan juridique, qui soit mieux à même de résoudre concrètement les problèmes de vie quotidienne rencontrés par les familles recomposées.

La délégation de responsabilité parentale

Il s'agissait d'abord de conforter le rôle social des beaux-parents. La société ne leur reconnaissait guère de place auprès de l'enfant. Mais il fallait se garder d'empiéter sur l'autorité des parents, qui doit être réaffirmée, surtout lorsqu'une séparation risque de distendre les liens filiaux.

Le second objectif était de conforter le rôle éducatif des beaux-parents, dans le regard des enfants, cette fois. Pour que ceux-ci ne puissent pas contester leur légitimité à s'occuper d'eux aux côtés de leurs parents légaux. Qu'ils ne puissent pas leur dire : « T'es pas mon père, tu n'as pas le droit de me dire de faire mes devoirs », « T'es pas ma mère, tu n'as pas le droit de m'empêcher de sortir… »

Pour atteindre ces objectifs, il existait déjà une possibilité légale : la délégation d'autorité parentale, prononcée par le juge et instaurée par la loi sur l'autorité parentale de 2002. Mais cette possibilité est très peu utilisée. Et pour cause. Elle a des défauts rédhibitoires pour les familles ! D'abord, il faut passer devant le juge : c'est long et coûteux, puisqu'il faut prendre un avocat. Ensuite, d'un point de vue psychologique, quelle mère seule, quelle famille recomposée aura envie d'aller étaler sa vie devant un tribunal, en dehors de tout conflit à régler ? Enfin, la délégation d'autorité parentale présente un inconvénient majeur, celui de placer le beau-parent au même rang de responsabilité que les parents, puisqu'il devient détenteur – en partie ou en totalité – de l'autorité parentale. Inutile de dire que c'est une solution difficile à accepter pour les parents, en particulier pour celui qui n'a pas la garde de l'enfant au quotidien…

C'est d'ailleurs pour toutes ces raisons que la délégation d'autorité parentale n'est que très peu utilisée, et seulement dans des cas spécifiques : une mère partant travailler en province et confiant son enfant à un proche, par exemple. En un mot, on n'y fait appel qu'en cas d'absolue nécessité.

C'est pourquoi j'ai proposé que les parents qui le souhaitent – qu'ils soient séparés ou qu'ils élèvent seuls leur enfant – aient le droit de déléguer à la personne de leur choix (beau-parent, famille proche...) une « responsabilité parentale pour les actes de la vie courante de l'enfant ».

Cette délégation de responsabilité parentale ne nécessiterait pas de passer devant le juge. Concrètement, elle prendrait la forme d'un papier officiel, déclaration enregistrée au greffe du tribunal d'instance, comme un Pacs, ou auprès d'un notaire. Le beau-parent la garderait sur lui et pourrait la produire, en cas de besoin, pour effectuer tous les actes courants d'éducation de l'enfant dont il a, avec les parents, la charge de fait : aller le chercher à l'école, l'emmener en vacances, le faire hospitaliser en cas d'accident, etc.

Cette délégation de responsabilité parentale ne pourrait être délivrée sans l'accord des deux parents, lorsqu'ils sont séparés. C'est donc un dispositif qui ne s'appliquerait que dans les cas de recompositions harmonieuses. Je n'ignore pas que de très nombreuses recompositions familiales sont mal vécues, et que cela restreindra de fait le champ d'application de la délégation de responsabilité parentale. Mais je m'insurge contre l'idée que la loi en matière familiale doive en permanence prévoir le pire.

Ma conviction, c'est que le temps fait son œuvre dans toute séparation, et qu'il existe désormais des familles recomposées qui ont su trouver de nouveaux équilibres affectifs et qui seraient prêtes à utiliser ce nouveau dispositif pour, notamment, simplifier la vie de la famille au quotidien.

Dès lors que les beaux-pères n'ambitionnent pas de prendre leur place, j'imagine que les pères ne devraient pas y trouver à redire...

Logement et famille

Des pères séparés sont aussi venus me saisir d'un nouveau combat, dans lequel je ne les attendais pas : celui de l'accès au logement.

Car les séparations ont une conséquence à laquelle on ne pense pas forcément, c'est la pénurie dramatique de logements dans les grandes agglomérations. Les principales clés de l'engorgement du marché immobilier sont en effet, d'une part, les retraités du « papy boom » qui continuent à vivre dans de grands appartements familiaux alors que leurs enfants ont quitté le nid, et d'autre part, l'arrivée sur le marché du logement de parents séparés qui recherchent deux appartements capables d'accueillir leurs enfants, à des prix raisonnables.

Logement et famille, on envisage rarement les deux questions ensemble. Pourtant, elles sont intimement liées. Dans le bien-être d'une famille, le logement joue un rôle majeur. Quant au loyer, c'est désormais la plus grosse dépense, et de loin, d'un ménage urbain.

Que dire à un père qui se présente seul pour une demande de HLM, mais qui réclame un trois-pièces pour pouvoir obtenir la garde partagée de ses enfants ? Compte tenu de la pénurie de logements actuelle, les mères seules avec enfants bénéficient souvent d'une priorité implicite après une séparation. Mais ce n'est évidemment pas le cas pour les pères.

Et pour cause : les organismes HLM ne doivent surtout pas négliger les demandes des couples non séparés, avec des enfants, que des conditions de vie trop précaires pourraient à leur tour entraîner dans des conflits familiaux !

C'est donc la quadrature du cercle… dont je tire une certitude et une conclusion impératives : dans les dix ans qui viennent, la construction de nouveaux logements pour les familles dans les grandes villes doit être une priorité absolue. C'est un acquis extrêmement positif de ce quinquennat d'avoir doublé la construction annuelle de logements : 538 000 permis de construire ont été déposés en 2005, soit presque un doublement en cinq ans. Il faut continuer !

Aménager les prêts à taux zéro pour en faire bénéficier le plus grand nombre de ménages, proposer des maisons à 100 000 euros, y compris dans les grandes agglomérations, vendre une partie du parc HLM à ses locataires pour le prix de leur loyer, lancer de grands programmes de logement pour les étudiants et les jeunes travailleurs… Nous devons appuyer de toute notre volonté et de toute notre créativité la politique du logement engagée depuis 2002.

Construire une France de propriétaires est un objectif qui peut être à notre portée, si nous persévérons dans la voie choisie depuis cinq ans. Pour quoi faire ? Tout simplement parce qu'être propriétaire de son logement rassure, donne confiance en l'avenir, permet d'amortir les accidents de la vie.

J'ai été frappée par les revendications exprimées par les étudiants – et même certains lycéens ! – au moment de la crise du CPE : le contrat première embauche allait les empêcher de devenir propriétaires… Certes, de belles âmes ont eu tôt fait de railler le tempérament « petit-bourgeois » de notre jeunesse. Mais j'ai surtout entendu à ce moment-là s'exprimer une très profonde aspiration à une certaine stabilité, à une sécurité existentielle en quelque sorte, au moment même où ils peinent à trouver leur place dans une société minée de l'intérieur par ce qu'ils ressentent comme une précarisation générale.

Il était bien doux d'être locataire pendant les Trente Glorieuses, quand l'avenir promettait d'être toujours meilleur que le présent ! Aujourd'hui, seules les locations aidées garantissent une réelle sécurité. Et il est bien évidemment inconcevable de loger tous les Français à revenus moyens dans le parc HLM... Au contraire, le passage en HLM ne doit être que transitoire, pour permettre aux ménages, dans un « parcours logement », de devenir *in fine* propriétaires.

Dans un monde marqué par la précarité des unions, la difficulté d'assumer seul les charges d'un logement, la demande d'autonomie des jeunes, la hausse continue des prix de l'immobilier, les ventes à la découpe, l'accession sociale à la propriété sera un enjeu central des prochaines années. Et d'ores et déjà un élément discriminant des programmes des candidats à l'élection présidentielle de mai 2007.

Si nous parvenons, par toutes ces mesures, à apaiser et stabiliser le cadre familial, ce sont les enfants qui en seront les premiers bénéficiaires.

6

Enfants maltraités : mieux vaut prévenir que guérir

Il finit sa thèse de doctorat en médecine. Appelons-le Vincent. Il vient me rencontrer car il a entendu dire que je m'occupais de protection de l'enfance, pour me parler de son sujet d'étude : les bébés secoués. Nous sommes en 2003. À cette époque, 50 % des parents sondés à la sortie de la maternité ne savaient pas qu'il ne faut jamais secouer un bébé. Vincent vient dénoncer auprès de moi l'ignorance et le défaut de prévention. À côté des centaines de bébés secoués diagnostiqués chaque année par notre système de santé, combien de drames resteront ignorés, maquillés en « mort subite » inexpliquée ?

En finir avec la culpabilité

L'expérience lui prouve que secouer un bébé, cela peut arriver dans n'importe quelle famille, même si les fragilités psychologique et sociale, la promiscuité et la précarité des conditions de vie, sont de réels facteurs de risque. Mais que constate-t-il ? Que bien souvent le proche qui s'en prend ainsi au bébé est une mère courage, qui assume tout, qui endure tout et qui, un jour, faute d'avoir demandé de l'aide en temps utile, craque d'épuisement et d'impuissance. Ne pouvait-on pas intervenir avant qu'il ne soit trop tard, pour elle et pour le bébé ?

Que dire aussi des cas de bébés secoués par la personne qui les garde, faute d'une formation adéquate ?

Alors, le bébé secoué, symptôme de notre incapacité à mettre en place de vraies politiques de prévention en matière d'enfance maltraitée ? Sans doute. Et aussi le fruit d'un certain nombre de mythes : ceux de l'enfant et de la mère parfaits. Il faut en finir avec ces représentations stéréotypées qui se révèlent parfois douloureuses pour les parents. Un bébé est rarement parfait. Il arrive qu'il ne fasse pas ses nuits pendant des mois, qu'il ne trouve pas le sein de sa mère et lui fasse mal, qu'il régurgite ses biberons et cultive les troubles gastriques, qu'il pleure pendant des heures, notamment à la tombée de la nuit, qu'il maigrisse, qu'il tombe malade... Il n'est pas anormal pour ses parents d'être exténués, angoissées, de perdre leur sang-froid, d'avoir besoin d'aide et même, dans des cas extrêmes, de ne pas ressentir une once de cet instinct maternel qu'aucune bonne fée, malheureusement, ne délivre à la naissance.

Au lieu de laisser ces parents démunis ressentir une sourde culpabilité, nous, les responsables politiques, devrions mettre à leur disposition une palette de réponses qui leur permettent de faire face, de gérer des moments d'épuisement passager, et de tisser avec leur enfant ces liens qui, par la suite, se révéleront déterminants dans son bon développement.

La prévention doit se mettre en place le plus tôt possible. C'est ce que nous avons préconisé dans le cadre de la mission parlementaire sur la famille, et c'est ce que prévoit la loi sur la protection de l'enfance. Dès la grossesse et l'accouchement, des indices de difficultés d'attachement entre la mère et l'enfant sont décelables et peuvent donner lieu au soutien approprié. C'est pourquoi l'entretien du quatrième mois de grossesse doit être le moment de dépister les éventuelles fragilités psychologiques et d'y apporter des remèdes.

Le raccourcissement de la durée des séjours en maternité peut également être mis en cause. Si j'approuve – et défends publiquement – la fermeture des petites maternités, insuffisamment sûres pour les mères et les enfants, je crois que nous devons réfléchir collectivement aux suites de couches. Renvoyer des mères chez elles trois ou quatre jours après leur accouchement, parfois en plein « baby blues », n'est pas la meilleure manière de les préparer à une maternité épanouie, surtout pour leur première naissance. Il faut travailler à rendre possible à l'avenir, pour les parents qui le désirent, un suivi à domicile par des sages-femmes et des puéricultrices. La création d'unités de « maternologie » dans certaines cliniques permettrait en outre, pour les cas les plus graves, de prévenir les troubles de l'attachement entre mère et enfant.

Un vrai problème de suivi sanitaire

Le suivi sanitaire des enfants, ensuite, est un vrai sujet de santé publique. On a à l'esprit, bien entendu, les drames de la maltraitance : Outreau, Angers. Mais aussi la préoccupation plus large de prévenir des carences dans le développement de l'enfant. Ainsi l'obésité chez les jeunes enfants est-elle en passe de devenir, à juste titre, une préoccupation de santé publique majeure. De même, la détresse psychique de nos adolescents a fait l'objet de signaux d'alarme justifiés. Enfin, il y a eu toute la polémique lancée à la suite du rapport de l'Inserm, fin 2005, sur le dépistage précoce des troubles du comportement de l'enfant, qui permettrait d'éviter à celui-ci d'être emporté dans une spirale asociale ou violente. Malgré toutes les réserves que ce rapport appelle, il met en évidence les lacunes réelles de notre système de prévention, notamment en ce qui concerne les troubles psychologiques de l'enfant. J'y suis particulièrement sensible, ayant croisé dans le cadre de mon mandat de députée de nombreux enfants et adolescents en souffrance qui ne trouvaient pas de réponses dans un réseau de pédopsychiatrie totalement débordé.

La réalité, c'est que nous n'avons pas su moderniser nos structures de suivi médical des enfants. À côté d'enfants particulièrement bien accompagnés par des parents et des médecins de famille attentifs, de nombreuses familles restent livrées à elles-mêmes. Déjà, les certificats médicaux obligatoires des huitième jour, neuvième mois et vingt-quatrième mois sont de moins en moins retournés. Si le carnet de santé est une réussite et les vaccinations obligatoires sont bien contrôlées à l'entrée de l'école, il devient néanmoins nécessaire d'offrir, à travers une vaste politique de santé publique solidaire, un examen médical régulier à tous les enfants de France, qui permette de prévenir la survenue d'un grand nombre de pathologies qui ne seront dépistées que dans ce cadre. D'abord les troubles sensoriels (audition, vue, etc.), les troubles du développement et de l'apprentissage (comme la dyslexie), les troubles alimentaires (obésité mais aussi anorexie, boulimie...), les troubles psychologiques (de l'autisme à la dépression), les addictions, etc. C'est le sens de ma proposition d'un examen gratuit régulier, entre trois et quinze ans, dans le cadre scolaire, dont j'ai parlé plus haut[1].

---

1. *Cf.* chapitre 4, p. 85.

Si l'on se donne pour objectif de mettre en place une véritable politique de prévention, sans doute améliorera-t-on significativement la vie de millions d'enfants. Mais cela ne nous dispensera pas de rester attentifs à tous ceux qui peuvent se trouver en danger. Il est ainsi troublant de constater que le nombre d'enfants maltraités ne diminue pas : il reste stable depuis des années, autour de 20 000 par an. Il en va de même pour le nombre d'enfants accueillis chaque année par les services d'aide à l'enfance.

Des personnes savaient

Chaque année, les médias se font l'écho de véritables tragédies. Partout en France, des situations indignes sont encore décelées trop tard. Dans notre pays, deux enfants meurent encore, chaque semaine, de violences infligées dans leur milieu familial. Comment de tels drames peuvent-ils se nouer, alors que notre politique familiale est reconnue et enviée dans le monde entier ? Comment peut-on aujourd'hui passer au travers des mailles d'un « filet social » qui n'a fait que se resserrer au fil des décennies ?

Aussi étonnant que cela paraisse, dans chacun des drames de la maltraitance, des personnes savaient. Pas tout, bien sûr. Mais chacun avait des éléments d'information. Chacun possédait une pièce du puzzle qui, reconstitué, aurait permis de donner l'alerte. Un accouchement à domicile, des absences à l'école, le refus systématique de laisser entrer chez soi l'assistante sociale ou de se rendre chez le médecin…

Si les différents acteurs publics qui avaient côtoyé les familles en cause s'étaient parlé plus tôt, les situations ne se seraient pas dégradées jusqu'à, parfois, l'irréparable. Mais les cloisonnements administratifs, les susceptibilités entre ville et département, les lenteurs de la justice, le secret médical, le cadre scolaire sont autant de barrières qui ne se franchissent pas. C'est pourquoi j'ai œuvré à l'instauration, par la loi, d'un « secret professionnel partagé » entre tous les professionnels de l'enfance, dès lors que des indices laissent penser qu'un enfant est en danger. Inspiré du secret médical partagé, il permet, dans le cadre d'une stricte confidentialité, d'échanger des informations préoccupantes sur un enfant et ce, même sans l'accord des parents. La famille serait néanmoins tenue informée.

Seul ce partage d'informations rendra possible une véritable prévention dans les cas les plus graves, ceux où la porte du domicile familial reste constamment fermée.

Attention aux limites de la décentralisation !

Rien ne dit qu'à l'avenir la protection de l'enfance sera un sujet prioritaire en France. En effet, les lois de décentralisation ont, fort pertinemment d'ailleurs, choisi de confier aux départements la coordination d'un grand nombre de politiques sociales : l'allocation personnalisée d'autonomie, le revenu minimum d'insertion, la politique en matière de handicap et bientôt, je l'appelle de tous mes vœux, le contrôle des tutelles. Cette évolution était nécessaire, car seule la proximité permet le suivi individuel et le contrôle de l'usage des allocations qui sont nécessaires à une politique sociale efficace. L'un des défis qui se posent à notre pays n'est-il pas de préserver une ambition élevée en matière de couverture sociale, tout en veillant à ce que chaque euro dépensé le soit de la manière la plus efficace possible ?

Cela justifie donc de ramener la gestion de ces aides âu plus près des citoyens. Mais il y a alors un risque : celui d'une inégalité territoriale de traitement entre les Français. Inégalité qui serait d'autant plus insupportable qu'elle toucherait les politiques qui sont l'expression même de la solidarité nationale : protection des personnes âgées, des exclus, des enfants en danger, des handicapés, etc.

Je ne suis pas certaine que nous ayons, dans ce domaine, atteint le bon point d'équilibre entre le rôle que doit conserver l'État en matière de définition des normes nationales et de contrôle de leur application sur l'ensemble du territoire, et la nécessaire liberté d'administration qui doit être laissée aux collectivités locales.

Prenons par exemple le traitement individualisé des RMIstes. Le département des Yvelines en a fait l'une de ses priorités absolues. Mais est-il vraiment de l'intérêt de tous les départements de mettre la même énergie dans la réinsertion des RMIstes, à quelques mois d'une échéance politique cruciale, et alors que le niveau national de chômage et d'exclusion sera l'une des composantes essentielles du débat ? Les départements de gauche n'ont-ils pas un intérêt politique à « gérer les stocks » plutôt qu'à les faire diminuer ? On constate d'ailleurs que le principal argument des socialistes face à la baisse du chômage est de relever que, parallèlement, le nombre de RMIstes augmenterait. C'est un comble de mauvaise foi, puisque, d'une part, tout RMIste a vocation à être inscrit également comme demandeur d'emploi et, d'autre part, ce sont désormais les départements qui doivent s'engager dans la réinsertion active de ces chômeurs de très longue durée. On touche à la limite de la logique de la décentralisation. Quand intérêt général et intérêt politique ne se recoupent plus. Quand collectivités locales et État risquent de ne plus tirer dans le même sens… Sachant qu'en France, le seul responsable politique qui soit jamais sanctionné pour les mauvaises conditions de vie des Français, c'est le pouvoir national !

S'il faut féliciter les départements pour le chemin parcouru en matière de protection de l'enfance depuis les lois de décentralisation de 1984 (au total, les crédits consacrés aux enfants en danger ont été multipliés par quatre), des signaux alarmants demeurent. D'abord, la contribution financière des départements varie de 1 à 4, de 176 à 665 euros par an et par habitant. De quoi vraiment inquiéter les élus nationaux qui, comme moi, souhaitent une égalité de traitement pour tous les Français sur le territoire. L'ancienne Défenseure des enfants, Claire Brisset, a été abondamment critiquée pour avoir levé le voile sur cette question dans son rapport de 2004, au point que le Sénat – où siègent de nombreux conseillers généraux – a voulu couper une partie des crédits de cette autorité indépendante…

L'enfance en danger sera-t-elle une priorité ?

Mais il est logique, dans ce contexte, d'être préoccupé par l'avalanche des nouvelles compétences qui vont s'abattre sur les départements dans les années à venir. L'enfance en danger passera-t-elle en priorité ? Rien n'est moins sûr. Cela mérite en tout cas que l'État prenne ses précautions, et assure un certain nombre de vérifications en la matière. C'est pourquoi je souhaite que des schémas départementaux conjoints puissent être à nouveau établis par les départements et les préfets en matière de protection de l'enfance. Je crois également nécessaire de renforcer les pouvoirs de contrôle de la Défenseure des enfants, en lien avec le ministère de la Famille et l'Inspection générale des affaires sociales, de façon que, de manière impromptue, des audits départementaux puissent être effectués. Quand il s'agit de protéger les plus fragiles d'entre nous, souvent issus de familles elles-mêmes très déstructurées, nous ne pouvons pas nous permettre l'approximation.

La nouvelle loi sur la protection de l'enfance, inspirée par les propositions de la mission parlementaire sur la famille, va faire du président du conseil général le responsable unique de la protection de l'enfance, sous le contrôle de l'État. C'est une bonne chose ; cela va clarifier et simplifier les procédures. Les citoyens vont apprendre à s'adresser à lui pour répercuter toute information préoccupante. Il sera l'interlocuteur privilégié des associations de protection de l'enfance, dont le travail inlassable a mis ce sujet au centre des préoccupations politiques ces dernières années.

Pour encore mieux défendre l'intérêt des enfants, nous instaurerons également des formules d'accompagnement innovantes pour eux et pour leur famille. Dans toute procédure qui le concerne, l'enfant devra désormais être entendu. Je souhaite que les décisions de justice puissent en outre lui être expliquées, y compris les classements sans suite ou les relaxes au bénéfice du doute, qui sont tellement difficiles à comprendre par les enfants qui ont dénoncé des faits à la justice. L'aide juridictionnelle devrait également être généralisée pour tous les enfants victimes, quels que soient les revenus de leurs parents – particulièrement lorsqu'ils ont fait l'objet de violence dans leur famille –, afin qu'un avocat puisse les assister lors du procès.

La panoplie des mesures d'aide à l'enfance peut également être enrichie. Certains départements, comme le Gard ou la Côte-d'Or, font d'ores et déjà preuve d'une grande créativité en la matière, permettant à l'enfant de rester au sein du giron familial tout en bénéficiant du soutien des institutions de protection de l'enfance dès que le besoin s'en fait sentir. Le suivi psychosocial des familles est nécessaire, même lorsque l'enfant leur a été retiré, si l'on veut envisager un jour son retour dans de bonnes conditions. Enfin, pour les tout-petits, les séjours en pouponnière ne devraient pas dépasser quelques semaines, le temps de leur trouver une famille d'accueil, seule à même de garantir la stabilité affective dont ils ont besoin sur la durée.

Nous disposons aujourd'hui de tous les éléments diagnostiques et législatifs pour mieux prévenir et mieux agir. La loi est en passe d'être votée, ce sont maintenant les comportements et les pratiques administratives qui doivent évoluer.

Mais un autre défi de taille nous attend : c'est celui de l'éducation et de la formation de nos enfants.

7

Reconstruire l'école de la République

Il est près de minuit dans les studios de Fun Radio, en ce mois de février 2005. C'est vendredi, l'émission de débat avec les auditeurs de Loubna Méliane bat son plein. Loubna a une forte personnalité. Devenue animatrice radio, elle était en tête des cortèges lycéens qui ont fini par faire tomber Claude Allègre, alors ministre de l'Éducation nationale, en 2000. Elle est très à son aise sur le sujet que nous traitons ce soir : la réforme de l'école en train d'être définitivement votée, cette nuit-là, à l'Assemblée nationale. Jack Lang vient de quitter les studios. Il a eu droit à un temps d'antenne seul. Le privilège d'un hôte de marque. J'arrive ensuite. Je n'aurai pas ce privilège : il me faudra débattre dans le brouhaha des arguments de deux jeunes meneuses du mouvement lycéen et d'une représentante de la FSU, le principal syndicat enseignant. Mais le défi m'intéresse.

Et si la droite avait son mot à dire ?

Dialoguer en direct avec la jeunesse, sans filtre, sans tabou, c'est une chose que nous faisons si peu, à droite. À notre décharge, nous ne disposons pas, comme le parti socialiste, de mouvements relais, organisés, de lycéens, qui nous permettraient d'instaurer des liens avec les établissements du second degré. Parce que les politiques sont, en théorie, *persona non grata* dans le sanctuaire de l'école. C'est à la fois une bonne chose et une profonde hypocrisie. Car les mouvements lycéens sont loin d'être apolitiques, eux. Il suffit, en marge des émissions de télévision et de radio, de voir les jeunes dirigeants de la FIDL (Fédération indépendante et démocratique lycéenne) parler au téléphone avec « Julien » (Dray) et se donner rendez-vous le soir même à la soirée de « SOS » (Racisme), pour comprendre que la pouponnière continue de fonctionner. Les dirigeants des mouvements étudiants deviennent d'ailleurs généralement parlementaires socialistes à plus ou moins brève échéance. Manifs, médias, militantisme, assemblées générales : ce n'est pas forcément le moins bon apprentissage pour une carrière politique !

Alors maladroite, la droite, avec les jeunes ? C'est une évidence. Peut-être parce qu'au fond de nous-mêmes nous gardons une certaine méfiance vis-à-vis de ces mouvements de lycéens qui, pas encore à l'âge de glisser un bulletin dans l'urne, entendent pourtant donner leur avis sur les décisions politiques des adultes... Je crois qu'il va falloir sur ce point faire un *aggiornamento* brutal et changer d'attitude. La puissance des mouvements lycéens, dans un pays qui place l'enfant au cœur de sa vie sociale, est considérable. Je me souviendrai toujours des rumeurs qui ont couru au moment de la réforme du bac que voulait mettre en œuvre François Fillon.

Rappelons les faits : nous sommes le seul pays au monde qui ait, durant les trente dernières années, multiplié par deux le nombre de candidats au bac et, dans le même temps, multiplié également par deux le nombre d'épreuves. Cela veut dire un nombre de copies multiplié par quatre, une scolarité qui s'achève fin mai dans tous les lycées et collèges centres d'examen, d'importants frais de correction de copies et une charge de travail considérable pour les futurs bacheliers français, qui sont parmi les élèves les plus stressés au monde, d'après les enquêtes internationales.

À cela s'ajoute bien sûr que cette situation conduit, non pas à l'approfondissement et à la parfaite maîtrise des connaissances, mais au bachotage, ce qui présente un intérêt limité sur le plan pédagogique.

Les comparaisons avec les pays étrangers démontrent que la plupart des examens comparables à notre bac comprennent entre six et sept épreuves, ce qui est largement suffisant pour évaluer pleinement les aptitudes d'un élève, en le garantissant contre un « accident » ou une « panne » éventuelle face à un sujet méconnu. Le bac général, lui, peut compter jusqu'à douze épreuves.

L'intention de François Fillon, suivant en cela les recommandations de nombreux rapports – et même les conclusions de certaines assemblées générales lycéennes ! – était de diminuer le nombre d'épreuves finales au bac pour privilégier la solidité des connaissances de base.

Mais, pour prévenir la fronde des enseignants des matières qui risquaient d'être retirées du bac, il avait proposé que celles-ci puissent être, comme c'était déjà le cas pour l'éducation physique ou les « travaux personnels encadrés », notées en contrôle continu sur l'ensemble de l'année. Au final, 80 % de la note du bac aurait été issue de l'examen de fin d'année, et 20 % du contrôle continu.

Là aussi, les intentions du ministre étaient bonnes : il s'agissait de donner une « prime à l'assiduité » durant l'année et de permettre aux matières optionnelles de ne pas perdre tout leur attrait, pour des élèves essentiellement tournés vers une logique de résultat à l'examen.

Le mouvement lycéen d'opposition à la réforme Fillon n'avait, dans un premier temps, pas réussi à « prendre » vraiment. Le projet gouvernemental, axé sur l'instauration d'un socle commun de connaissances et de compétences que chaque élève devrait maîtriser à sa sortie du système scolaire, et sur une personnalisation du parcours scolaire, avec l'instauration d'un soutien individualisé, répondait à de vrais besoins et ne fédérait pas contre lui l'opposition de la communauté éducative. Mais ce fut par la réforme du bac que nos opposants eurent gain de cause.

La rumeur se répandit comme une traînée de poudre. Le gouvernement voulait « supprimer le bac » ! Mieux : instaurer un « bac en contrôle continu », et donc un « bac à deux vitesses », celui du 9-3[1] et celui d'H4[2]. Outre que la critique était totalement infondée, car le diplôme du bac, diplôme national, ne mentionne jamais le lycée du lauréat mais seulement son académie, on aurait pu soutenir radicalement l'inverse : l'instauration d'un bac en contrôle continu (si telle avait été l'intention du gouvernement) aurait plutôt servi les élèves des lycées les moins élitistes, car ce sont plutôt les lycées d'excellence qui ont tendance à noter au lance-pierre...

Peu importe. L'essentiel, c'est que le slogan avait été trouvé : non au bac en contrôle continu, non à l'école à deux vitesses ! Rien à voir avec le contenu de la réforme proposée. Mais qui se souciait de rétablir la vérité ? Les journalistes ? Non, trop occupés à dénoncer les inégalités scolaires, qui sont une réalité dans notre pays. Trop solidaires de la détresse

1. La Seine-Saint-Denis, bien sûr.
2. Le lycée Henri-IV, prestigieux établissement parisien.

exprimée par ces adolescents, sincères pour la plupart… Tout comme leurs parents.

Combien de mails, de SMS, de messages affolés sur mon répondeur, de parents qui voulaient avoir confirmation des nouvelles alarmantes que leurs enfants rapportaient de l'école : on allait supprimer le bac pour lequel ils avaient tant investi, arrêter l'éducation physique, supprimer l'économie, les options qui rapportent des points, ou pis, les travaux personnels encadrés – une « nouveauté » créée quelques années plus tôt par Claude Allègre pour ramener la paix dans les lycées et qui permettait aux lycéens de première et de terminale de travailler en groupe sur des sujets d'actualité pendant un an, encadrés par un enseignant.

Et les enseignants ? Où étaient-ils, que faisaient-ils ? Pour certains d'entre eux, ce n'était que trop clair, ils entretenaient le mouvement.

Interviewée sur une radio périphérique nationale en même temps que des lycéens, j'esquisse un « Je voudrais expliquer véritablement le contenu de la réforme, il ne s'agit pas d'instaurer un bac en contrôle continu… » Le journaliste me renvoie un cinglant : « Quelle condescendance ! Ce que vous dites, finalement, c'est que les lycéens sont incapables de comprendre ni de porter un jugement sur une réforme qui les concerne au premier chef ? »

Les journalistes de radio et de télévision n'avaient bientôt plus qu'une question à la bouche : « Allez-vous oui ou non reculer face aux inquiétudes exprimées par les lycéens ? »

Il faut avoir vécu ce genre d'expérience pour comprendre pourquoi la droite regimbe devant les réformes scolaires et universitaires. Et encore, je n'avais pas, à l'époque, traversé l'épreuve du contrat première embauche…

Si le débat sur la loi Fillon ne fut pas à la hauteur de mes espérances, j'en tirai au moins quelques leçons. Qu'il est dangereux de vouloir construire des cathédrales à marche forcée dans notre pays. Qu'il vaut mieux poser pierre par pierre les piliers du changement, sans pour autant perdre de vue l'objectif final à atteindre. Que la coalition du conservatisme cherche toujours un « angle d'attaque » pour stopper les projets. Et qu'il ne faut pas multiplier les sujets polémiques dans une même réforme.

L'école de l'égalité des chances

Je n'accepte pas l'idée que le débat sur l'école puisse rester l'apanage exclusif de la gauche, comme il l'a longtemps été. Toute prise de parole venue de la droite était vouée aux gémonies. Toute proposition d'amélioration du système, quand bien même elle émanerait de certains de ses acteurs, était réfutée *a priori*, sans autre forme de procès. Cette époque est révolue. L'UMP peut et doit prendre la parole sur l'éducation, politique décisive pour l'avenir du pays.

La vérité, c'est que depuis l'échec cuisant de Claude Allègre, la gauche, elle aussi, a peur du monde éducatif et de la question scolaire. Lorsque Jean-Luc Mélenchon, devenu secrétaire d'État à l'Enseignement professionnel a, le premier, évoqué en 2000 l'idée de lancer des programmes d'apprentissage à quinze ans ou critiqué le « collège unique », Jack Lang, son ministre de tutelle, s'est hâté de refermer la porte qui venait ainsi d'être entrouverte.

Or ce qui me frappe, en tant qu'élue, c'est l'extrême disparité des enseignements dispensés au travers du territoire. Derrière la façade d'une Éducation

« nationale » publique, laïque, gratuite et obligatoire, les réalités sont beaucoup plus contrastées.

De très belles choses se font dans l'école de la République, et je n'adhérerai pas à la critique généralisée de ceux qui déplorent sans nuance l'abêtissement de nos enfants et le sacrifice des savoirs sur l'autel de la pédagogie. Je ne céderai pas non plus à la nostalgie d'un âge d'or, qui n'a sans doute jamais existé.

Ce qui me choque aujourd'hui, c'est la généralisation des cours particuliers pour les plus riches, sans lesquels il semble désormais peu ou prou impossible de réussir une scolarité ; ce sont les fraudes à la carte scolaire qui permettent d'échapper à la fatalité d'un établissement moins coté ; c'est le développement des files d'attente dans l'enseignement privé, moins dues à la qualité de l'enseignement qui y est dispensé qu'à la discipline qui y règne et à l'encadrement personnalisé des élèves qu'il propose. Comment en vouloir à ces parents qui n'agissent pas en vertu de considérations idéologiques que tout le monde a oubliées, mais simplement par souci normal et raisonné de l'intérêt de leurs enfants ?

Ma vision sera peut-être jugée idéaliste. Mais tant mieux si certains élus le sont encore ! Je crois à l'école comme instrument d'égalité des chances et de promotion sociale. Je crois aussi à l'école comme lieu d'apprentissage des valeurs de la vie en société, au premier rang desquelles le respect : respect de la règle, respect de l'enseignant et plus généralement, respect de l'autre. Je crois enfin que l'on peut, si l'on s'en donne les moyens, relever le défi de l'instruction de masse sans sacrifier en chemin la qualité des enseignements dispensés.

Comment faire pour que l'école publique, dont l'ambition originelle était d'être la même partout et pour tous, cette école qui fut le fer de lance de l'intégration républicaine et de l'unification linguistique, ne soit plus éclatée en une multitude de réalités extraordinairement disparates ? L'école publique, qui jouait autrefois le rôle d'ascenseur social pour les boursiers issus de milieux modestes mais aux capacités scolaires au-dessus de la moyenne, menace désormais de participer à la ghettoïsation générale de la société.

Face à ces évolutions, connues de tous pour avoir fait l'objet de rapports et d'essais sans nombre, que proposent le parti socialiste et plus largement la gauche ? Un jusqu'au-boutisme de la dépense qui a pourtant fait la preuve de son inefficacité et, surtout, qui ne tient aucun compte des réussites exemplaires d'autres pays de l'Union européenne. Je pense ici notamment à la Finlande et à la Suède, qui ne dépensent pas plus que nous mais sont simplement mieux organisées. Le coût d'un élève du second degré, en France, est de 30 % supérieur à son coût moyen dans l'OCDE, pour des résultats scolaires qui sont, au mieux, dans la moyenne des enquêtes internationales.

Que ce soit sur l'école ou sur la formation, je me méfie de la logique du « toujours plus de moyens »[1]. Car, dans ces domaines, les crédits peuvent se déverser sur les établissements sans résultats tangibles, faute d'objectifs clairement définis et d'évaluation des actions menées. Alors des crédits supplémentaires pour l'école, peut-être, mais où ? et pour quoi faire ?

J'ai participé au débat national sur l'école qui a réuni, en 2003, parents, enseignants et élèves dans les préaux de toutes les écoles de France. Je me suis fortement impliquée dans la préparation de la réforme Fillon de 2005. J'ai mûri quelques convictions sur

1. Entre 1975 et 2004, la dépense moyenne par élève a plus que doublé dans le premier degré (+110 %) et augmenté de 91 % dans l'enseignement secondaire.

l'avenir de l'école de la République. Il me semble devoir se construire autour de plusieurs priorités : le recentrage de l'enseignement sur les savoirs fondamentaux ; l'organisation d'un suivi personnalisé des élèves ; une meilleure orientation ; l'amélioration du fonctionnement des établissements et une meilleure gestion des ressources humaines ; enfin, l'éradication de la violence, qui a atteint des niveaux inacceptables dans l'enceinte scolaire.

Recentrer l'école sur les fondamentaux

Certes, l'une des grandes réussites de l'Éducation nationale, ces quarante dernières années, est d'avoir relevé le défi de l'arrivée en masse des élèves. Je l'ai dit, nous avons doublé le nombre de bacheliers en trente ans. Aujourd'hui, plus de 60 % d'une classe d'âge obtient le baccalauréat. Cela témoigne d'une élévation du niveau moyen des connaissances de tous les Français, qui est un réel atout pour le pays. Pourtant, la majorité des employeurs sont frappés par le piètre niveau de français des jeunes qu'ils recrutent, notamment à l'écrit. N'y a-t-il pas là un profond paradoxe ?

Une des missions essentielles de l'école est de donner à chaque enfant les connaissances et les compétences nécessaires pour construire son avenir personnel et professionnel, et réussir sa vie. Ce socle fondamental, que la réforme Fillon a tenu à définir, ce sont les outils dont il pourra toujours se servir pour faire son chemin dans la société. Et le premier d'entre eux, c'est la maîtrise de la langue, orale et écrite. Sans elle, un adulte est perdu.

On a sans doute trop demandé à l'école. Le nombre de matières enseignées au collège et au lycée est désormais considérable. Il faut y ajouter des options nombreuses et qui varient au fil du temps : faut-il apprendre le chinois, les arts plastiques ou les langues mortes ? Cela dépend des années et des modes... L'école se voit en outre confier chaque année un certain nombre de nouvelles missions : information sur la sécurité routière, prévention de la délinquance, éducation sexuelle, sensibilisation à l'environnement, découverte de l'entreprise, éducation civique... Stop !

Pour redevenir l'instrument d'intégration et de promotion sociale qui a fait sa grandeur, l'école doit commencer par recentrer résolument son enseignement sur les savoirs fondamentaux. Et, dans ce domaine, elle doit impérativement passer d'une logique de moyens à une logique de résultats.

L'apprentissage de la lecture doit être l'impératif des classes de cours préparatoire et élémentaire. Sur les méthodes pédagogiques à employer, je suis persuadée des ravages de la méthode globale. En revanche, certaines méthodes semi-globales ne me semblent pas nécessairement à condamner dès lors qu'elles intègrent immédiatement les correspondances entre les syllabes et les lettres. L'intérêt de la méthode semi-globale, c'est d'être au démarrage beaucoup plus attractive pour les enfants qui ont très vite le sentiment de « savoir lire ». Cela peut toutefois présenter des inconvénients, notamment pour les enfants les plus en difficulté. Une évaluation des apprentissages a été mise en place à l'issue du CE1 (avant, elle avait lieu en fin de CE2). Mais il faut que les résultats de cette évaluation conduisent à un effort massif sur la lecture pour les enfants détectés comme ayant pris du retard.

L'école primaire est le lieu où toutes les bases sont posées. Un récent rapport remis par René Rémond au ministre de l'Éducation nationale confirme l'intérêt, dans l'apprentissage des fondamentaux, des exercices répétitifs qui ont fait leurs preuves à travers les siècles, comme la dictée, les exercices de conjugaison et la récitation de textes appris par cœur. Ce n'est sans doute pas révolutionnaire, mais si ce sont les méthodes qui marchent le mieux ?

À la fin d'un cursus court, aucun élève ne doit pouvoir s'orienter vers un CAP sans maîtriser les quatre opérations (addition, soustraction, division, multiplication). Un responsable d'un centre de formation d'apprentis de ma circonscription témoignait auprès de moi de son désarroi à ce sujet. « Comment voulez-vous former un menuisier qui ne sache pas faire une opération ? C'est tout bonnement impossible. Or aujourd'hui, la plupart des apprentis qui arrivent dans mon centre ne sont pas capables de faire une multiplication ni une division… »

On constate, même chez les lycéens et – c'est plus scandaleux encore – chez les diplômés de l'enseignement supérieur, des lacunes invraisemblables dans la maîtrise de l'expression écrite. Quant à l'expression orale, le vocabulaire usuel moyen d'un élève de collège ne contient que quelques centaines de mots… Il y a beaucoup à faire pour relever, dès le primaire, puis au collège, le défi d'apprendre à tous nos enfants les fondamentaux.

Cela passe sans doute par un renforcement des heures de français, et par l'instauration de véritables parcours individualisés pour les élèves en difficulté[1]. La loi Fillon s'engage résolument dans cette voie. Des heures d'enseignement doivent être dégagées afin

1. Au-delà de ce qui se passe déjà dans le cadre des Rased (réseaux d'aides spécialisées aux élèves en difficulté), pour le premier degré, et des Segpa (sections d'enseignement général et professionnel adapté), pour le collège.

que les professeurs puissent assurer un meilleur accompagnement de leurs élèves.

L'anglais, indispensable sésame

Ça y est, l'Éducation nationale commence à changer de regard sur l'enseignement des langues étrangères. Longtemps considérée comme « un plus », la maîtrise de l'anglais doit devenir « un *must* ». J'aime la langue française, je crois aux enjeux culturels essentiels du développement de la francophonie, mais, et je le dis sans doute un peu crûment, dans le monde où nous vivons, ne pas posséder les rudiments de l'anglais, devenu le sésame international que l'on sait, est un handicap majeur.

Je sais qu'il est politiquement correct de dire qu'il faut apprendre à nos enfants « une langue étrangère », sans spécifier laquelle. Mais ce n'est pas mon genre de manier l'hypocrisie. La vérité, c'est que tous les parents des classes moyennes s'évertuent à obtenir que leurs enfants parlent correctement l'anglais, que ce soit grâce à des cours particuliers ou des stages linguistiques.

Si certaines familles, paradoxalement, ne choisissent pas de faire pratiquer l'anglais en première langue à leurs enfants, c'est parce que certaines « meilleures classes » de collège sont encore réputées être celles des élèves ayant choisi une « langue difficile », comme l'allemand. C'est aussi parce que le choix d'une langue rare comme le russe, le chinois ou le grec ancien, en première langue, permet d'obtenir de sacro-saintes dérogations à la carte scolaire… On ne peut blâmer les parents d'adopter ces stratégies, si compliquées, pour assurer l'avenir de leur progéniture. Ni les enseignants de se mobiliser pour la défense de leur matière.

Mais quels en sont les résultats à moyen terme ? Des jeunes Français qui ne maîtrisent pas suffisamment l'anglais, c'est-à-dire la langue des affaires, du tourisme, de la recherche.

L'école de la République doit se donner un objectif ambitieux de multilinguisme. Elle doit permettre aux enfants de posséder vraiment deux langues étrangères, dont l'anglais.

Certains m'objecteront que, dans trente ans, l'anglais aura peut-être été détrôné par l'espagnol ou par le chinois. J'en doute, compte tenu de la force de frappe des industries culturelles américaines et de la simplicité de cette langue (pas ou peu de conjugaisons, pas de déclinaisons, pas de genres). En tout cas, je ne ferai pas partie de ces élus qui disent le contraire de ce qu'ils font : qui font apprendre l'anglais à leurs enfants en louant l'intérêt de l'apprentissage de l'allemand ou du grec ancien.

J'entends souvent dire qu'il vaut mieux que les enfants apprennent à l'école à bien parler le français plutôt que les rudiments d'une langue étrangère. Certes ! Mais est-ce vraiment incompatible ? Ne peut-on pas se fixer l'objectif, ambitieux mais accessible, que nos enfants quittent l'école en parlant correctement le français *et* l'anglais ?

La pratique de l'anglais doit être inscrite au programme de l'école primaire, dès le plus jeune âge. Cela pose deux questions : celle de la formation massive des professeurs des écoles à l'enseignement de cette langue et celle du recrutement d'intervenants de langue maternelle anglaise. Plus aucun professeur des écoles ne doit sortir de l'IUFM sans être capable d'enseigner les rudiments d'une langue étrangère.

C'est en maîtrisant l'anglais que nos enfants se donneront le maximum de chances dans leur vie professionnelle. Mais c'est aussi en parlant plusieurs langues qu'ils se sentiront peut-être un peu plus européens.

Les nouvelles technologies, outils d'égalité

Le monde est passé à l'ère numérique. La plupart de nos enfants aussi. Il existe cependant une « fracture » importante dans ce domaine, entre les familles qui ont les moyens d'avoir un ordinateur et un accès à Internet à la maison, et les autres. Ce fossé, l'école doit le combler.

Car là encore, dans le monde professionnel de demain, inutile de chercher à s'insérer dans de bonnes conditions avec une piètre maîtrise de l'outil informatique. Les technologies de l'information sont partout. Dans les pays les plus en avance dans ce domaine, comme les États-Unis, les étudiants, parfois même les lycéens, ne prennent plus de notes à la main : ils saisissent leurs cours sur leur ordinateur ! Ne laissons pas nos enfants accumuler retards et handicaps.

Bien sûr, l'ordinateur n'est qu'un outil et l'on ne peut pas mettre son usage sur le même plan que l'apprentissage du français et des mathématiques. Mais c'est avec lui que nos enfants grandissent et se forment, eux qui passent des heures à « chatter » sur des forums de discussion, eux pour lesquels une information qui n'est pas sur « la toile » n'existe pas, eux qui créent des blogs pour exprimer leur vision du monde...

Or la liberté d'expression de l'Internet n'est pas sans danger, et « surfer », ce n'est pas tout à fait comme feuilleter l'encyclopédie universelle ! Sur le Net, le meilleur côtoie le pire : opinions extrêmes, désinformation, incitations à des comportements à risque (violence, anorexie, toxicomanie, suicide...), mais aussi pornographie et pédophilie.

Nos enfants doivent être préparés à rencontrer les visages sombres de l'Internet et à y faire face. Il appartient à l'école de faire acquérir à chaque élève un ensemble de compétences qui lui permettent d'utiliser les ressources de l'informatique de façon réfléchie et efficace.

Je crois d'ailleurs que nous aurions tout intérêt à accélérer l'entrée des établissements scolaires eux-mêmes dans la société de l'information. Internet est aussi un outil pédagogique et un moyen de communication possible entre enseignants et parents !

Qu'attendons-nous pour offrir en ligne à tous les enfants de France les meilleurs cours, les bibliothèques les plus complètes, les conseils pédagogiques les plus personnalisés ? L'univers en expansion de l'Internet offre des possibilités immenses pour éduquer et enseigner. Pourquoi ne pas en profiter ? J'y vois pour ma part un formidable outil d'égalité et il n'y a aucune raison que nous laissions à nos seuls amis scandinaves l'intelligence de mettre les nouvelles technologies au service de l'éducation.

Internet peut aussi se révéler un extraordinaire instrument de formation continue des enseignants, ce parent pauvre de l'Éducation nationale, auquel pour l'instant bien peu de moyens sont consacrés, alors que la carrière d'un enseignant, recruté dès sa sortie d'université, durera quarante ans.

Au total, le « socle commun des savoirs et des compétences », instauré par la réforme de 2005, qui insiste sur les fondamentaux et sur ces enseignements de l'avenir, constitue bien à mes yeux la pierre de fondation pour former les « honnêtes hommes » du XXIe siècle. Il faudra œuvrer dans les années qui viennent à le mettre résolument en place. Cela supposera de la constance et de l'énergie, pour faire évoluer les pratiques et réorganiser les établissements en conséquence.

Du « prêt-à-porter » au « sur-mesure »

Depuis déjà plusieurs années, les organismes spécialisés en soutien scolaire voient leur chiffre d'affaires augmenter de manière considérable. C'est un phénomène qui me choque à double titre : d'abord, parce qu'il témoigne d'un manque de confiance des parents dans l'institution scolaire, voire d'un échec de cette dernière ; et parce que, pour les familles qui n'en ont pas les moyens, ces cours payants constituent une atteinte flagrante à l'égalité des chances !

C'est là aussi un défi crucial à relever pour l'école de la République : il est nécessaire de porter davantage d'attention à celui qui en a davantage besoin. C'est pourquoi nous devons avancer résolument, et sans tabou, vers la personnalisation de l'enseignement.

Cela coûtera cher, mais nous devons inclure dans la définition des missions des enseignants le temps passé à accompagner personnellement leurs élèves. Un enfant qui apparaît en difficulté dans telle ou telle matière doit se voir offrir par l'institution scolaire des heures de tutorat par son professeur ou par des enseignants spécialement délégués à cet effet dans les établissements. Il faut passer d'un enseignement « prêt-à-porter » à une éducation « sur mesure ». L'idée, c'est un peu celle de donner des « cours particuliers gratuits » aux élèves en difficulté.

La réforme Fillon va dans ce sens. Et nous devons poursuivre dans cette direction, en permettant, outre des études dirigées en dehors des heures de cours dans les collèges et les lycées, d'ouvrir ces établissements pendant les vacances scolaires : les élèves qui auraient montré des lacunes durant l'année pourraient y effectuer des stages hebdomadaires de préparation à la rentrée scolaire ou des stages de remise à niveau. Le coût de ces « séances de rattrapage » estivales serait aisément amorti si elles étaient conçues comme un dispositif de prévention des redoublements, dont on connaît à la fois le coût pour la collectivité et le coût psychologique pour l'enfant qui le subit.

La situation des établissements classés en zone d'éducation prioritaire (ZEP) appelle dans ce domaine un effort de grande envergure. Les crédits supplémentaires accordés à ces établissements devraient pouvoir servir à mieux accompagner individuellement chaque élève. Avec : des programmes intensifs d'apprentissage du français pour ceux dont ce n'est pas la langue maternelle ; des soutiens personnalisés, en petit groupe, par les enseignants pour l'acquisition des savoirs fondamentaux ; des études surveillées et accompagnées ; des expérimentations pédagogiques dans le cadre d'une convention passée avec le ministère ; un tutorat organisé pour chaque élève avec des étudiants bénévoles pour le suivi des devoirs. Les bonifications accordées aux enseignants des zones d'éducation prioritaire devraient être au moins doublées, compte tenu de la difficulté de la tâche.

J'évoque plus loin dans cet ouvrage l'épineuse question de la carte scolaire. Qu'il soit juste dit ici qu'il faudra résolument l'assouplir, en particulier pour éviter les phénomènes de ghettoïsation des élèves des établissements classés en ZEP.

Pour un véritable service public d'orientation

Parmi les nouveaux défis à relever par l'Éducation nationale, celui de mieux aider les élèves à choisir leur avenir, en rénovant en profondeur le processus d'orientation.

La loi sur l'égalité des chances a instauré la possibilité d'un « apprentissage junior » dès quinze ans. Ce projet (dont j'ai dit plus haut qu'il avait été porté à l'origine par la gauche socialiste) a été vivement critiqué par l'opposition. J'y suis personnellement favorable. En effet, pour avoir côtoyé pendant plusieurs années des jeunes de quinze ans totalement déscolarisés, je crois que nous ne pouvions plus rester insensibles à la détresse exprimée par ces adolescents que l'échec scolaire renvoie à l'école de la rue. Cent cinquante mille jeunes quittent l'école chaque année sans aucune qualification. C'est intolérable. De la détresse d'avoir complètement décroché de l'école, à l'absentéisme scolaire, puis de l'absentéisme à la délinquance, il y a évidemment une spirale que nous devons briser.

Et l'apprentissage présente de ce point de vue plusieurs avantages. D'abord par la relation personnelle qu'il instaure entre le jeune et un adulte, son maître d'apprentissage, qui va, par l'exemple, lui montrer les chemins d'une insertion réussie par le travail. Ensuite, parce qu'il permet la découverte de nouveaux horizons qui ne sont plus uniquement scolaires, et qui vont aider l'adolescent à trouver des voies propres de réussite. Enfin, l'apprentissage est rémunéré, et gagner sa vie à quinze ans est une source d'épanouissement et de valorisation auprès de ses camarades.

Mais au-delà de ces filières d'apprentissage, le collège doit devenir le lieu stratégique de la découverte des métiers. Stage en entreprise, présentation des métiers et des différentes filières doivent être accompagnés de rencontres avec des professionnels du grand service public d'orientation dont nous sommes désormais nombreux à souhaiter la mise en place au plan national, afin que les élèves prennent, en fin de troisième, la bonne route.

Aujourd'hui, trop souvent, les décisions d'orientation sont prises exclusivement en fonction des places disponibles dans les différentes formations. Elles devraient bien davantage tenir compte des goûts et des talents des élèves, ainsi que des perspectives futures du marché du travail, au plan national et local. Prenons l'exemple des métiers des secteurs sanitaires. La demande de santé est appelée à croître de manière exponentielle dans la société française des vingt prochaines années. Les métiers qui s'y rapportent, dans l'ensemble du secteur sanitaire, devraient faire l'objet de filières renforcées dans le cadre du baccalauréat professionnel, comme le préconisait la commission Thélot en 2004.

C'est ainsi que l'on revalorisera vraiment l'enseignement professionnel : en l'axant sur les formations qui offrent des débouchés rapides et des perspectives sur le marché de l'emploi. Si l'on peut dire : « Le bac professionnel, c'est une assurance contre le chômage », alors la partie sera gagnée !

La classe de terminale représente évidemment un autre moment clé de l'orientation. Et là encore, nous devons moderniser radicalement le service offert aux jeunes, de manière à leur permettre de définir des parcours de réussite, soit à travers des formations courtes, soit à l'université, en fonction de leurs résultats, de leur personnalité et des besoins du marché du travail. Une orientation réussie, ce sera déjà un premier pas vers l'insertion professionnelle.

Éradiquer la violence

On ne peut malheureusement pas parler des améliorations à apporter à l'Éducation nationale dans notre pays sans évoquer la lutte contre la violence.

La violence atteint, dans la société en général et à l'école en particulier, des niveaux inacceptables. Il n'est plus une semaine sans que les médias nous rapportent un fait divers plus ou moins tragique, qui laisse le citoyen stupéfait. La classe auvergnate du film *Être et Avoir*, plébiscitée par une nation profondément nostalgique de ses racines, n'a plus grand-chose en commun avec ces établissements trop nombreux minés par la violence et le racisme.

Je me souviendrai toujours de l'histoire tragique de la petite Vanessa, dont les parents sont venus à plusieurs reprises faire appel à moi. Élève d'un collège jusqu'alors sans histoires, même s'il brassait des élèves d'origines sociales très différentes, elle avait été agressée sexuellement dans les vestiaires du gymnase par une bande de garçons – vraisemblablement du même âge qu'elle – cagoulés... Le principal mettra beaucoup de temps avant d'accepter l'idée que l'agression avait un quelconque lien avec l'établissement, aggravant la détresse psychologique et les angoisses de la jeune fille. Celle-ci, devenue dépressive et anorexique, quittera le collège sans qu'aucune véritable enquête y ait été menée pour retrouver ses agresseurs, dont de nombreux élèves soupçonnaient pourtant l'identité.

Il faut en finir avec ce déni des actes violents, qui pourraient « nuire à la réputation » d'un établissement. Quand on laisse des actes aussi graves impunis, on donne aux adolescents le sentiment qu'ils sont les maîtres de l'enceinte scolaire. Je suis frappée de voir les chiffres : les faits de violence constatés augmentent, tandis que le nombre de sanctions disciplinaires prononcées reste faible. Il faut réaffirmer qu'il est du devoir de l'institution scolaire de réagir fermement dès les premiers dérapages.

Mais les choses évoluent beaucoup, dans ce domaine. Et dans le bon sens. Le directeur départemental de la sécurité publique de mon département m'assurait, il y a quelques mois, que les coopérations entre police et Éducation nationale pour les faits de délinquance les plus graves (trafic de drogue, coups et blessures, agressions sexuelles...) se mettaient désormais en place. L'« omerta » qui présidait auparavant à la violence scolaire est en train d'être levée. C'est tant mieux.

On a beaucoup parlé de la proposition de mettre des policiers dans les établissements scolaires. Je crois que cela ne peut être qu'une solution de dernière extrémité. La police ne peut être le seul rempart d'autorité de notre pays ! Il y a d'abord les parents qui doivent être responsabilisés pour les actes commis par leurs enfants. Il y a ensuite l'équipe éducative qui doit être mieux armée pour faire face à la montée des incivilités.

Plus d'adultes dans les établissements scolaires

Renforcer la présence des adultes dans les établissements est désormais une priorité. Un seul surveillant, au collège, pendant les récréations, c'est évidemment trop peu. De même, je crois à la nécessité d'organiser des études surveillées à toute heure dans le second degré, pour permettre aux élèves qui n'ont pas cours de travailler dans la sérénité. Prévoir des bureaux au sein des établissements pour les professeurs principaux, afin de leur permettre d'établir des contacts avec les élèves et leurs parents, est également une piste à explorer. Mais cela conduirait à repenser la mission de ces professeurs : non seulement enseigner, mais aussi accompagner le développement de chaque élève. Une mini-révolution ? Sans doute. Je ne crois pas qu'il appartienne à l'école seule d'éduquer les enfants. Mais je ne crois pas non plus que l'école puisse se contenter de transmettre des savoirs, sans prendre en charge une dimension éducative plus vaste, comportementale, morale et civique, en complément de l'éducation apportée par les parents.

Impliquer et responsabiliser les parents

Dès l'école primaire, et tout au long de leur parcours scolaire, les élèves devraient apprendre et intérioriser les valeurs de la République. Pour cela, il est nécessaire que l'ensemble de la communauté éducative se mobilise. Les parents doivent y jouer un rôle aux côtés des enseignants. Aujourd'hui, la signature des parents est requise au bas du règlement intérieur de l'école. Mais cette signature est bien souvent formelle. Et j'ai pu moi-même constater que certains parents ont parfois des comportements qui mettent en cause l'autorité de l'enseignant : contester une punition, refuser les règles communes (interdiction des téléphones portables pendant les séjours de « classes transplantées », par exemple), critiquer les notations...

On parle souvent de la nécessité d'instaurer un meilleur dialogue entre parents et professeurs, ceux-ci étant parfois accusés de refuser à ceux-là un droit de regard légitime sur le fonctionnement de l'école et les résultats de leurs enfants. Il est vrai que les équipes pédagogiques doivent désormais permettre une meilleure implication des parents en matière d'organisation scolaire. Mais un dialogue productif suppose aussi, à l'inverse, que certains parents ne sapent pas, auprès de leurs enfants, l'autorité de la figure enseignante ! Parents et enseignants doivent pouvoir parler à l'enfant d'une même voix. Quel que soit son désir de voir son enfant réussir, aucun parent ne doit se comporter en « consommateur d'éducation », faisant peser sur l'équipe éducative des responsabilités qui sont également les siennes.

Ainsi la lutte contre l'absentéisme des élèves dans le second degré fait partie de ces responsabilités partagées. Nous devons résolument nous y attaquer. Car ces absences témoignent d'un manque de respect vis-à-vis de l'institution scolaire et peuvent entraîner l'enfant dans une spirale d'échec. Enseignants et parents doivent être sensibilisés sur ces questions : c'est tout l'objet du « contrat de responsabilité parentale » adopté par le gouvernement dans le cadre du projet sur l'égalité des chances. Il doit permettre, sous le contrôle du président du conseil général, d'aider les parents en manque d'autorité, confrontés à des adolescents particulièrement difficiles, mais aussi de sanctionner, le cas échéant, les parents défaillants qui auraient, eux, tout à fait les capacités de faire respecter à leur enfant ses obligations scolaires.

Bien évidemment, dans cette lutte contre les incivilités à l'école, les chefs d'établissement sont en première ligne. Lorsque j'étais en charge du budget de la protection judiciaire de la jeunesse, j'ai été confrontée au désarroi de certains d'entre eux, qui devaient accueillir après leur exclusion pour motifs disciplinaires, des élèves d'un autre collège dont le curriculum en disait long, alignant rackets, trafics en tout genre, coups et blessures... L'obligation scolaire jusqu'à seize ans impose en effet, lorsqu'un élève est exclu d'un établissement, de le scolariser ailleurs ! Ou bien cet adolescent disparaît purement et simplement dans la nature, et l'Éducation nationale perd sa trace.

Ainsi, les équipes éducatives se retrouvent peu armées pour sanctionner disciplinairement les élèves qui « pourrissent » la vie de leurs établissements, puisque la sanction ultime, l'exclusion, n'est pas adaptée à la situation. S'il faut protéger les autres élèves des perturbateurs les plus violents, il faut aussi prévoir, pour ces derniers, des solutions d'encadrement éducatif renforcé en dehors de leur milieu scolaire habituel.

Depuis cette période, je suis une fervente partisane des « classes relais », ces classes qui peuvent accueillir les éléments les plus déstructurés, avec des enseignants motivés et expérimentés. Mais elles sont encore trop peu nombreuses et trop dispersées sur le territoire. En outre, le passage en « classe relais » n'est en général que transitoire, pour terminer une année scolaire, par exemple. Ne devrions-nous pas aller plus loin pour garantir le respect de l'obligation scolaire par l'ensemble de ces jeunes, exclus sur décision du conseil de discipline d'un établissement scolaire, en envisageant la création d'« établissements scolaires relais, voire d'« internats relais », en dehors du foyer familial ?

Une vraie politique de ressources humaines

Quand on parle d'école, on parle d'abord de plus d'un million d'hommes et de femmes qui font vivre cette institution. C'est toute la difficulté de la moindre réforme. Car au cœur de celle-ci, il y a d'abord la définition d'une vraie politique de ressources humaines.

Dans les années qui viennent, de nombreux enseignants vont partir à la retraite, avec la génération du baby-boom. L'enjeu du recrutement et de la formation de leurs successeurs est désormais crucial. Nous devons continuer à attirer, dans les fonctions enseignantes, d'excellents éléments. Et les former mieux pour qu'ils aient tous les outils nécessaires à l'exercice de leur métier. C'est pourquoi la réforme des IUFM est devenue un enjeu politique majeur.

C'est pour cela aussi qu'est posée à nouveau la question de la « bivalence » des enseignants, c'est-à-dire leur capacité à enseigner deux matières différentes. La « bivalence », qui existe déjà par exemple en histoire-géographie, donnerait aux établissements davantage de souplesse d'organisation et empêcherait l'Éducation nationale de rémunérer certains enseignants à plein temps sans qu'ils puissent effectuer l'intégralité de leur service horaire, faute de demande dans l'établissement. La bivalence serait source d'économies et de bonne gestion, elle doit donc être encouragée.

Une vraie politique de gestion des ressources humaines suppose aussi qu'une part plus grande de la progression de carrière des enseignants puisse se faire au mérite et que les notes des inspections, nécessairement plus fréquentes, permettent d'orienter davantage la carrière des enseignants.

Nous devons également nous pencher sur la question de la « seconde carrière » des professeurs. Il arrive qu'au bout d'un certain nombre d'années passées à enseigner, certains perdent « la foi », et le goût de faire classe. Aujourd'hui, l'Éducation nationale est très pauvre en possibilités de reconversion. Or, nul doute que les enseignants gagneraient à obtenir des passerelles de mobilité dans les trois fonctions publiques – d'État, territoriale et hospitalière. Ils réussissent très bien les concours d'accès aux différents corps de fonctionnaires. Mais on ne passe pas des concours à tout âge, et il n'est pas aisé de les préparer quand on a charge de famille.

L'école bénéficierait également de la mobilité professionnelle des enseignants, lorsque ceux-ci reviendraient enseigner, riches d'une expérience diversifiée. Au XXIe siècle, il est difficile pour un jeune qui choisit un métier, quel qu'il soit, d'imaginer faire exactement la même chose pendant quarante ans. Aux responsables politiques, donc, de réfléchir aux pistes qui mettront de la variété dans les parcours professionnels des enseignants.

Enfin, reste la question du fonctionnement des établissements scolaires. Faut-il donner en la matière davantage de pouvoir aux chefs d'établissement ? Je le crois. C'est l'esprit de la réforme Fillon, qui leur permet de pourvoir aux remplacements des professeurs absents par d'autres professeurs du même établissement, sur la base du volontariat et en heures supplémentaires. Cette disposition est vivement critiquée par les syndicats d'enseignants, et a du mal à se mettre en place. Pourtant, dans l'année et sur tout le territoire national, 7 % des heures de cours sont actuellement perdues, faute pour l'administration de pouvoir remplacer les enseignants lors d'absences de courte durée (inférieures à trois semaines)... Alors n'est-il pas grand temps que les mentalités évoluent sur cette question ? C'est la qualité du service public qui doit primer, et l'intérêt des élèves !

Ces élèves dont certains poursuivront leur formation dans l'enseignement supérieur, à l'université. Dans ce domaine aussi, nous avons beaucoup à faire pour améliorer les choses. Et de toute urgence !

8

L'urgence universitaire

La Sorbonne, juin 2005. Face au ministre de l'Éducation nationale, Gilles de Robien, et au ministre de l'Université et de la Recherche, François Goulard, les trois recteurs d'académie d'Île-de-France (Paris, Versailles, Créteil) et les responsables des groupes de travail mis en place dans les universités de la région pour répondre au débat national ouvert par Dominique de Villepin sur l'université et l'emploi. Dans une salle attentive et studieuse… un seul parlementaire d'Île-de-France. C'était moi. Un peu gênée, lorsqu'une présidente d'université, regardant l'audience depuis l'estrade, regrette à haute voix le désintérêt manifeste des responsables politiques de la région pour le sujet… Et pourtant, nous avions tous été invités. N'est-ce pas profondément révélateur ?

Un désintérêt inacceptable

Non, l'université n'est pas un sujet qui fait recette. Ni à droite ni à gauche. La droite reste traumatisée par l'échec de la réforme Devaquet et par la mort du jeune Malik Oussekine en 1986. Mais l'heure est maintenant venue de tourner la page. Nous ne pouvons pas négliger ce qui sera l'un des sujets majeurs du XXIe siècle : l'élévation nécessaire des connaissances de tous nos enfants.

Le relatif désintérêt des politiques à l'égard de l'enseignement supérieur en France se lit dans la faiblesse des moyens financiers qui lui sont consacrés. Ainsi, la France dépense 20 % de moins pour l'année d'un étudiant que pour celle d'un lycéen : en 2003, 6 820 euros pour le premier, 9 750 euros pour le second !

Nous ne consacrons à l'université que 1,1 % de notre richesse nationale, ce qui est sensiblement moins important que la moyenne de l'OCDE (1,5 %, contre 2,3 % aux États-Unis). Il faut bien l'admettre, la France est loin d'être généreuse en matière d'enseignement supérieur, et en particulier avec ses universités.

Souvent, quand j'évoque la question universitaire lors de débats politiques, on me rétorque que l'université ne touche qu'une minorité de jeunes. Mais n'est-ce pas là un problème, justement ? Aujourd'hui, 37 % d'une classe d'âge entre dans l'enseignement supérieur. On est loin des objectifs fixés à Lisbonne[1] de 50 % des jeunes arrivant au niveau de la licence ! Et les comparaisons internationales ne nous sont guère favorables : en moyenne dans l'OCDE, la moitié d'une génération entre à l'université. Si nous voulons faire de la France une économie prospère, si nous voulons tirer notre épingle du jeu dans la mondialisation et la compétition économique internationale, c'est seulement par notre politique d'éducation, de recherche et d'innovation, que nous y parviendrons. Et l'université doit être au cœur de cette politique. Mais

1. Au Sommet de Lisbonne, en mars 2000, les États membres se sont fixé comme objectif de faire de l'Union européenne « l'économie de la connaissance » la plus compétitive du monde d'ici 2010.

quelle université ? Car parvenir à y faire entrer 50 % d'une classe d'âge n'est pas tout. Le problème de fond se situe ailleurs : ces jeunes, qu'ont-ils à attendre de ces années passées à l'université ? En d'autres termes, quelles sont les missions de l'université ? Voilà la vraie question, et surtout la bonne méthode. Définir les missions de l'université, c'est en effet déjà trouver les pistes de sa réforme.

Une offre de formations claire, transparente et évaluée

Ce qui frappe d'abord, quand on observe l'université française, c'est son émiettement et la complexité du maquis des formations. Elles sont de plus en plus nombreuses, avec des intitulés peu clairs qui varient d'une université à l'autre. On a franchement du mal à s'y retrouver. À cela s'ajoute l'extrême hétérogénéité de la qualité des diplômes dispensés, à même niveau de qualification. Pour le dire simplement, dans l'enseignement supérieur, on trouve le meilleur, mais aussi parfois le pire. Paradoxalement, nous avons organisé d'excellentes formations en filière courte, BTS et IUT, et il existe d'excellentes licences, d'excellents masters et d'excellents doctorats. Mais quand un jeune vient me voir, souvent accompagné par ses parents, pour me parler de ses difficultés d'insertion professionnelle, et que ceux-ci me disent avec fierté « il est bac + 4 » ou « bac + 5 », la première chose que je leur demande, c'est : dans quelle filière ? de quelle université ? avec quels enseignants ?

C'est tout le malentendu de l'université française. Les jeunes et leurs parents raisonnent en nombre d'années d'études. Le monde du travail, lui, raisonne en qualité de la formation dispensée. De ce décalage naît une évidente tension : pour les parents comme pour les enfants, les années passées à étudier et à décrocher un diplôme devraient nécessairement être valorisées d'un point de vue social et professionnel. Les étudiants ont le sentiment d'avoir « joué le jeu » du système en poursuivant leur cursus de formation. Les parents, de leur côté, qui ont financé ces longues études, s'estiment à juste titre floués par l'absence de reconnaissance de leurs propres efforts. Nous ne pouvons nous satisfaire d'une égalité purement formelle des diplômes ! Car le risque, c'est toujours qu'il y ait des « initiés » qui connaissent les bonnes filières, les bonnes passerelles, les formations d'excellence ou celles qui ont des débouchés garantis sur le marché de l'emploi, et que les moins bien informés se retrouvent dans des filières en apparence identiques mais qui se révéleront être des impasses.

C'est pourquoi je crois que la première mesure à prendre est d'instaurer une vraie transparence et des outils performants d'évaluation et de comparaison des filières universitaires. Un comité national d'évaluation des formations universitaires existe déjà. Si personne – dans le grand public – n'en a entendu parler, c'est qu'il mérite d'être modernisé pour s'imposer comme une référence. Pourquoi ne pas donner une publicité nationale, par exemple, à ses méthodes d'évaluation et surtout à ses résultats ? À mon sens, une évaluation soignée et moderne des filières universitaires devrait porter à la fois sur la qualité des enseignements dispensés, sur leurs performances en termes d'insertion professionnelle des diplômés, et sur les conditions d'encadrement des étudiants ou l'accès à des réseaux de coopération internationaux, par exemple. Et pourquoi ne pas instaurer un processus d'évaluation croisée, dans lequel les jeunes diplômés donneraient leur avis sur la formation qu'ils ont suivie ?

Cette évaluation est d'ailleurs encouragée par l'harmonisation européenne des diplômes actuellement en cours. La « réforme LMD » – pour licence, master, doctorat – est très importante, car elle va permettre aux formations françaises de s'étalonner au plan européen. Espérons qu'elles pourront reprendre le célèbre adage : « Quand je me regarde, je m'inquiète ; quand je me compare, je me rassure »... Quoi qu'il en soit, cette harmonisation permettra une saine émulation avec les autres formations européennes.

Une initiative en ce sens a déjà été engagée par François Goulard : il a lancé, en juin 2006, le « portail étudiant » sur Internet, grâce auquel les étudiants et leur famille peuvent connaître les performances de chaque filière universitaire partout en France. Cet outil, qui devra certes se perfectionner dans les années qui viennent, est déjà précieux et assure un début de transparence bien nécessaire.

Pourquoi, enfin, ne pas imaginer que de telles pratiques d'évaluation puissent se développer au niveau européen ? Ce serait une bonne chose. La commission de Bruxelles recommande d'ailleurs d'organiser des réseaux de coopération universitaire. L'université française a tout à y gagner.

Pas de sélection, mais une bonne orientation des étudiants

Cette première exigence d'information remplie, il est urgent de mettre en place un véritable service public d'orientation pour les lycéens. Car nous ne pouvons admettre le niveau actuel d'échec que rencontrent les jeunes étudiants en cours de licence. Quatre-vingt mille étudiants qui sortent chaque année de l'université sans aucun diplôme, c'est beaucoup trop !

D'autant que, les statistiques le prouvent, pour s'insérer sur le marché du travail, il vaut mieux, dans notre pays, chercher un emploi directement après le bac plutôt qu'après un ou deux ans passés dans l'enseignement supérieur. Non seulement les années non validées par un diplôme ne sont pas valorisées par l'employeur, mais elles constituent souvent un handicap. Et ce sont des jeunes blessés par leur échec qui arrivent ensuite sur le marché du travail.

Je rencontrai un jour Julie. Elle m'expliqua qu'après son bac technologique en sciences et techniques tertiaires, elle avait tenté d'intégrer un BTS de secrétariat correspondant à sa formation initiale. Mais la sélection était rude, et elle s'était fait « doubler » par d'autres jeunes filles issues des filières du baccalauréat général, dont le niveau scolaire est plus élevé. Ainsi déboutée, elle s'était tournée vers des études de sciences humaines. Elle n'avait pas accroché face à un enseignement trop théorique, et se retrouvait désormais désorientée, en situation d'échec. Cette situation est malheureusement trop classique. Les filières courtes, ultra-sélectives, qui devraient être les débouchés naturels des baccalauréats professionnels et technologiques, attirent également ceux auxquels elles ne sont pas *a priori* destinées : les jeunes issus du baccalauréat général, à la recherche de formations qualifiantes, offrant des débouchés immédiats dans le monde du travail.

Mais il est évident qu'un bachelier technologique ou, *a fortiori*, professionnel ne pourra pas, en tout cas sans une remise à niveau préalable et une sérieuse motivation, suivre avec succès des filières de sciences ou de sciences humaines, dans lesquelles le degré d'abstraction est trop grand. C'est par de telles erreurs d'orientation que l'on entretient un volant d'échec universitaire intolérable.

Lors d'un débat télévisé qui m'opposa à Alain Finkielkraut sur le contrat première embauche, je l'entendis réaffirmer ce que beaucoup estiment nécessaire : qu'il fallait instaurer la sélection à l'entrée de l'université. C'est un tabou, on le sait. Et un serpent de mer. Est-ce vraiment nécessaire ? Je ne le crois pas. Ma position sur cette question est claire : si l'on parvient à mettre en place un système d'orientation performant, la sélection n'est pas justifiée. Ce sont, dans la majorité des cas, de mauvaises orientations qui conduisent à des échecs programmés. Et, en dehors de ces cas de figure, il reste un volant de sélection naturelle qui s'opère dans le cours de la scolarité, sans qu'il soit utile de dresser des barrières à l'entrée des universités.

Quel serait ce système d'orientation performant ? Il interviendrait à deux niveaux. Au lycée d'abord, où il est primordial d'aider chaque élève à choisir une formation supérieure qui tienne compte de son parcours scolaire, de ses aspirations, mais aussi des perspectives nationales et locales du marché du travail. À l'université ensuite, où il faudrait mettre en place un service de « réorientation » des étudiants en situation d'échec. Je suis en effet très choquée par le fait que la plupart de ces derniers soient livrés à eux-mêmes et doivent avant tout à la débrouille, à leurs relations ou au bouche à oreille les réorientations qui les conduiront d'une filière à l'autre. Ce n'est pas là le service qu'une université performante doit rendre aux jeunes, à leurs familles, ni même à la collectivité nationale. À la fin de chaque semestre universitaire, les étudiants en situation d'échec devraient se voir proposer un entretien personnel avec un spécialiste des formations universitaires qui examinerait leur situation et leur proposerait des pistes adaptées. Vouloir que les jeunes réussissent leur vie, c'est savoir les accompagner à toutes les périodes charnières où ils se retrouvent égarés dans des impasses.

Un encadrement et un suivi personnalisé tout au long des études

Mais quel changement de mentalité va-t-il falloir pour en arriver là ! Aujourd'hui, l'individualisme règne dans l'université française. Sur un campus, un étudiant se sent trop seul, sans lien étroit avec l'administration ou le corps professoral. Il faut changer la donne, jouer collectif et savoir créer du lien.

Dans le récent débat national lancé sur l'université et l'emploi, les responsables étudiants ont ainsi déploré qu'il n'existe pas d'annuaires des anciens diplômés de chaque université, qui permettraient à la fois de connaître leur parcours et de faciliter d'éventuels contacts. On sait que les réseaux d'anciens font la richesse de nombreuses universités étrangères – sans même parler des grandes écoles françaises.

Je crois qu'il serait aussi nécessaire, afin de prévenir les situations d'échec, d'organiser des tutorats systématiques entre élèves de première année et élèves de master, dès lors que des difficultés sont diagnostiquées dans telle ou telle matière. Sans empiéter sur la liberté de certains étudiants de passer uniquement les examens de fin d'année, il est nécessaire d'offrir à ceux qui le souhaitent un encadrement de meilleure qualité. Ces tutorats rémunérés fourniraient en outre des ressources supplémentaires aux élèves de master, sur le lieu même de l'université, et leur permettraient de poursuivre leurs études dans de meilleures conditions financières.

Les rapports entre professeurs et élèves pourraient aussi être renforcés. De nombreuses universités optent désormais pour l'organisation de cours en petites classes, ce qui favorise le rapport entre l'étudiant et l'enseignant. Mais ce n'est pas le cas dans tous les cursus de formation. Il ne serait pas inutile d'envisager le parrainage plus systématique de certains élèves par des membres du corps enseignant, notamment pour les choix d'orientation.

Un bagage universitaire solide et utile

Que doit-on apprendre à l'université ? C'est une question que l'on pose peu. Et pourtant, elle me paraît cruciale. Quels savoirs, quelles compétences entendons-nous transmettre à un étudiant à l'issue de chaque niveau de qualification universitaire, pour qu'il réussisse sa vie dans la France du XXIe siècle ?

Il ne me paraîtrait nullement saugrenu, au-delà du contenu *stricto sensu* des programmes, que chaque université se donne un certain nombre d'objectifs nouveaux, dans le cadre d'un contrat avec l'État. Ainsi, certains enseignements devraient faire partie de la panoplie de base des étudiants. Je pense principalement aux étudiants de premier cycle. Quels bagages l'université doit-elle impérativement leur apporter ?

Quelle que soit la matière enseignée, une licence (c'est-à-dire trois ans d'études supérieures) devrait procurer à chaque étudiant la maîtrise des techniques usuelles d'expression écrite et orale nécessaires dans un univers professionnel. Il n'est pas admissible que des étudiants à « bac + 3 » ne sachent pas écrire et parler correctement la langue française, rédiger une note de synthèse ou prendre la parole en réunion.

Lors d'une rencontre avec l'ensemble des directeurs des agences bancaires de mon département, ceux-ci m'ont avoué leur désarroi unanime face à l'incapacité des jeunes embauchés (de bac + 2 à bac

+ 5) à écrire des lettres à leurs clients, sans faire de fautes de grammaire et d'orthographe. On pouvait toujours ensuite discourir sur l'« employabilité des étudiants » et les débouchés professionnels de telle ou telle filière, cela paraissait bien éloigné des besoins concrets exprimés par ce petit groupe d'employeurs, qui ne s'étaient pourtant pas concertés au préalable. On dit souvent dans notre pays que les filières littéraires ou de sciences humaines forment de trop nombreux diplômés alors que ce ne sont pas des filières professionnalisantes. Est-ce vraiment sûr ? Le problème n'est-il pas plutôt que l'on puisse sortir diplômé d'une filière littéraire en ne maîtrisant pas complètement les subtilités de l'expression écrite ? Un de mes administrés, jeune maître assistant en fac d'histoire, a cessé d'enlever un demi-point à chaque faute d'orthographe dans les copies de ses étudiants, certains disparaissant rapidement dans les abîmes de la notation négative. Et qu'on ne voie pas dans ce plaidoyer en faveur de l'écriture la lubie réactionnaire d'une élue UMP. Je pourrais parler de ma propre expérience d'employeur : je suis consternée de devoir relire avec une attention soutenue, avant de le signer, le moindre courrier écrit par mes jeunes stagiaires, pourtant au niveau master (bac + 5), de peur de faire figure d'illettrée auprès d'électeurs toujours sourcilleux...

Alors pourquoi ne pas prévoir, dans le cadre universitaire, une remise à niveau de culture générale et d'expression écrite et orale ? Certains seront choqués, pensant que ce n'est pas là la mission de l'université. Ils n'ont sans doute pas tort. Mais mieux vaut tard que jamais. Ce que les bacheliers n'ont pas appris à l'école, il faut qu'ils puissent le rattraper en première année d'université. En effet, rien n'est plus inégalitaire que la maîtrise de la langue française. L'étudiant qui aura été élevé dans de bonnes écoles et de bons lycées, qui sera issu d'une famille d'enseignants ou de parents cadres supérieurs, qui aura suivi des cours particuliers, bénéficiera, à diplôme égal, d'une maîtrise de la langue qui lui ouvrira bien d'autres portes que celui dont les parents n'ont pu l'accompagner tout au long de son parcours scolaire et qui a fait son chemin dans des écoles moins strictes sur les fondamentaux. L'égalité des chances suppose que chaque étudiant ait la possibilité de manier aussi bien la langue française que les autres. Et l'idée même de remise à niveau ne doit pas choquer : elle existe bien dans les filières dites « d'excellence », comme les classes préparatoires aux grandes écoles, pour gommer dès le départ les handicaps des uns par rapport aux autres. Ayons le même souci à l'université.

Dans ce contrat d'objectifs universitaires, il faudrait également inclure la maîtrise de deux langues étrangères. Les langues sont le parent pauvre de la formation universitaire. C'est un comble dans le monde actuel ! Ainsi, lorsque la commission des affaires sociales de l'Assemblée nationale a auditionné la Confédération des jeunes chercheurs, j'ai eu la stupéfaction d'entendre une jeune doctorante en sciences expliquer qu'elle n'avait eu que deux heures d'enseignement d'anglais par semaine tout au long de ses études, et que cela lui avait à peine permis de maintenir le niveau dont elle pouvait s'honorer à l'issue du lycée. Elle s'indignait que, dans un univers aussi ouvert que la recherche, où les travaux sont publiés en anglais, où les colloques internationaux invitent d'abord les chercheurs capables de présenter leurs travaux en anglais, où les échanges, les discussions sur Internet et bientôt le dépôt des brevets se font d'abord dans la langue de Shakespeare, la France n'ait pas su adapter sa formation. Elle évoquait le coût, pour un doctorant, de la traduction de sa thèse en anglais, condition *sine qua non* de la visibilité de ses travaux… La vérité, c'est que les formations universitaires sont pauvres en langues vivantes. Je crois que, comme au lycée, nous devrions permettre à tous nos étudiants au niveau licence, d'avoir deux cours de langues obligatoires. Des moyens supplémentaires seront nécessaires, en enseignants et en intervenants de langue maternelle étrangère. Mais cela me paraît essentiel.

Dans les objectifs de toute formation, il faut également inclure la maîtrise des technologies de l'information. Les universités en ont progressivement pris conscience. Notre objectif doit être de doter chaque étudiant d'un ordinateur, de lui offrir un accès à Internet dans le cadre universitaire, de lui inculquer la maîtrise des logiciels de base (traitement de texte, tableur…). Dans le monde de demain, tous les employés et les cadres seront autonomes et l'ordinateur sera leur stylo, leur agenda, leur encyclopédie.

Ce contrat d'objectifs pourra varier d'une université à l'autre et selon les différentes filières de formation. Mais assurer qu'un certain nombre de compétences soient acquises, quelle que soit l'université, dès la fin du premier cycle, cela me tient particulièrement à cœur. Je suis persuadée que c'est l'une des clés d'une meilleure insertion professionnelle de nos étudiants. J'observe ainsi qu'en Grande-Bretagne, peu importe le sujet des études, on peut avoir fait du grec ancien ou de la littérature médiévale et devenir ensuite banquier ou diplomate. L'important, c'est la qualité de la formation intellectuelle reçue et les outils dont elle vous dote pour la suite de votre parcours professionnel. C'est en soignant les fondamentaux – la qualité de l'expression écrite et orale, les langues, les technologies de l'information – que nous pourrons garder des filières universitaires variées dans des gammes d'enseignements riches et correspondant aux goûts de chacun.

Améliorer la vie universitaire

S'il faut augmenter les moyens alloués à nos universités, c'est aussi pour améliorer les conditions de vie des étudiants, très disparates. Il y a un monde entre certaines universités de province et des grandes villes. Campus rutilants et résidences universitaires modernes d'un côté, locaux indignes et aucune possibilité de se loger de l'autre. Le président de la Sorbonne lui-même l'avoue dans son livre[1] : il hésite à inviter ses homologues à visiter les classes et les bureaux des enseignants de l'université qui a pourtant fait la renommée de la France depuis le Moyen Âge !

Un plan de rénovation est aujourd'hui nécessaire, ciblé sur les universités qui en ont besoin. Car la qualité de vie universitaire constitue aussi une part non négligeable du bien-être et du statut de l'étudiant. Et c'est un révélateur de la place que nous souhaitons faire à notre jeunesse.

N'oublions pas non plus la question de la valorisation des métiers de l'enseignement. Dans les dix ans qui viennent, de nombreux professeurs d'université partiront à la retraite. Si nous voulons que la formation de nos jeunes continue d'attirer des postulants de grande qualité, il faudra que ces métiers soient attractifs. Cela repose en partie sur de bonnes conditions de travail – bureaux, documentation... – et de rémunération !

---

1. Jean-Robert Pitte, *Jeunes, on vous ment ! Reconstruire l'Université*, Fayard, 2006.

Un accès à l'alternance, aux stages et à la professionnalisation

Quels enseignements tirer de la crise du CPE ? Elle a révélé un malaise grandissant des jeunes diplômés. Alors que le dispositif du « contrat première embauche » était destiné essentiellement aux jeunes peu qualifiés, il s'est heurté à la rébellion d'étudiants qui avaient de bonnes raisons d'estimer que leur diplôme ne les protégeait plus de la précarité. Ils n'avaient pas tort. En 2005, 21 % des jeunes de niveau bac + 4 étaient encore au chômage neuf mois après la fin de leurs études. Certes, ces statistiques peuvent fluctuer très fortement d'une période à l'autre, en fonction des cycles économiques. Ainsi, quelques années plus tôt, en 2000, le « boom de l'Internet » avait donné un grand bol d'oxygène à l'insertion professionnelle des jeunes, certains d'entre eux n'hésitant pas à entrer sur le marché du travail avant même d'obtenir leur diplôme. Mais, en attendant le retour de la croissance, ces chiffres en disent long sur l'inquiétude des jeunes de 2007. Ils connaissent de vraies difficultés à trouver un emploi stable. C'est l'engrenage des stages, contrats d'intérim et contrats à durée déterminée. C'est aussi la difficulté à trouver un logement à un prix abordable. L'impossibilité de prendre son autonomie vis-à-vis de ses parents, de vivre pleinement sa jeunesse qui devrait être, pour tous, le temps de la liberté, de la créativité et de l'insouciance. La jeunesse doit être une promesse. Une jeunesse qui appréhende l'avenir, cela fait des parents anxieux, des grands-parents furieux. Un pays qui doute.

Chaque parlementaire a en effet pu le constater dans sa circonscription, en 2006 : malgré de nombreux signes encourageants de reprise de la croissance, de baisse continue du chômage, de mises en chantier de logements, la France restait morose, peu sûre d'elle et de son avenir. Mais s'est-on vraiment posé la question de savoir pourquoi ? Pour moi, la réponse est simple. La France s'interroge parce que sa jeunesse est inquiète.

Si les événements des banlieues, à l'automne 2005, ont révélé les frustrations des jeunes les moins qualifiés, il existe aussi dans notre pays – il ne faut pas se le cacher – un mal-être des jeunes des classes moyennes. La difficulté vient du fait que les employeurs réclament désormais aux jeunes postulants d'avoir de l'expérience professionnelle, de présenter des « états de service », comme on dirait dans l'armée, dès leur première embauche. Or, par définition, un jeune diplômé n'a pas cette expérience ! Quelle n'a pas été ma stupéfaction, lorsque j'ai appris que la major du magistère de gestion de l'université de Paris-Dauphine avait été, malgré la qualité de sa formation reconnue au-delà de nos frontières, recrutée par une grande banque internationale en contrat à durée déterminée !

Nous devons absolument développer les occasions d'acquérir une expérience professionnelle dans le cadre des études universitaires, nouer davantage de liens entre les étudiants et les entreprises, et renforcer la professionnalisation des différentes formations, en trouvant dans les programmes un meilleur équilibre entre enseignements théoriques et opérationnels. Les étudiants pourront ainsi mieux percevoir la finalité de leurs études et comprendre les exigences d'un milieu professionnel.

C'est pourquoi je suis favorable à ce que chaque cursus universitaire intègre, au niveau de la licence, un stage de trois mois en entreprise. Favorisons aussi le développement de « l'apprentissage en université », comme il existe des diplômes d'ingénieur ou de gestionnaire en apprentissage. Les stages à l'étranger et les doubles cursus en coopération avec des universités européennes doivent également se développer. Le dispositif Erasmus, le programme européen d'échanges universitaires, ne concerne aujourd'hui que trop peu d'étudiants. Nous devrions nous fixer comme objectif que chaque étudiant ait la possibilité de postuler pour un semestre dans l'université européenne de son choix, au niveau du master. Des bourses au mérite pourraient être mises en place dans ce sens.

Des stages pour se former, un emploi une fois diplômé

Si le stage en entreprise est une nécessité dans un cursus de formation, il est en revanche du devoir des responsables politiques de combattre l'utilisation abusive, par les entreprises, du stage pour les jeunes diplômés. Lorsqu'on a achevé son parcours universitaire, on doit se voir proposer un vrai emploi.

Plusieurs parents m'ont ainsi saisie, scandalisés de voir que leurs enfants, diplômés de formations reconnues – école d'interprétariat, IUT d'informatique, maîtrise de droit –, se retrouvaient « embauchés » en stage d'un an rémunéré moins de 30 % du Smic, voire pas rémunéré du tout. « Je subventionne une entreprise privée, me dit un parent. Mon fils est diplômé, il occupe un véritable emploi, sans salaire, sous couvert d'obtenir une expérience professionnelle ! »

J'ai été la première parlementaire à tirer la sonnette d'alarme sur les abus des stages, et je m'en félicite. Après une réaction assez « molle » du ministère du Travail, j'ai approfondi le sujet, pour me rendre compte que de nombreux diplômés en venaient à se réinscrire à l'université pour pouvoir bénéficier de la précieuse convention de stage… Un détournement de la loi qui, pour un jeune qui découvre le monde du travail, ne peut que contribuer à lui donner l'image d'une entreprise qui exploite les plus faibles ! Si nous voulons réhabiliter le monde du travail, il faut que les jeunes aient, dès le départ, c'est-à-dire dès leur première expérience professionnelle, le sentiment qu'il respecte la loi et les hommes. Sinon, l'image du « salarié klennex » a de beaux jours devant elle, et les entreprises vertueuses en pâtiront autant que celles qui le sont moins.

À la recherche d'élus sensibilisés à leur situation, les étudiants du mouvement spontané « Génération précaire » – ceux qui avaient défilé avec des masques blancs dans plusieurs villes de France pour dénoncer leur statut de stagiaire – sont venus me trouver. Nous avons travaillé ensemble à l'élaboration d'une proposition de loi qui visait à encourager les entreprises à faire appel à des stagiaires dans le cadre d'un cursus de formation, et à pénaliser celles qui recruteraient abusivement en tant que stagiaires de jeunes diplômés ayant achevé leur formation. Un certain nombre des mesures de ma proposition furent reprises par le gouvernement dans le cadre du projet de loi sur l'égalité des chances, notamment la convention de stage obligatoire, l'augmentation de la décharge de cotisations sociales pour les stagiaires, et la limitation de la durée des stages à six mois, sauf nécessité imposée par le cursus universitaire.

J'ai mené cette action pour que les jeunes qui terminent leurs études et s'engagent sur le marché du travail retrouvent confiance en eux et en leur avenir. Pour ne plus jamais lire une tribune dans un grand quotidien qui soit intitulée : « Bac + 7, profession stagiaire » !

Et le fonctionnement des universités, dans tout ça ?

Ceux qui s'intéressent à la question universitaire, à droite, commencent en général par cela : l'organisation de notre système universitaire est défectueuse et il faut le réorganiser. Ils ont raison, mais j'ai voulu prendre le problème dans l'autre sens. Montrer ce que les citoyens français, les familles, les étudiants, les professeurs, sont en droit d'attendre de l'université, en termes de service rendu. Il est toutefois clair que l'on ne pourra pas mener les changements que je préconise sans moderniser les conditions de fonctionnement des universités.

L'État doit d'abord assumer pleinement le rôle d'impulsion et de coordination qui doit être le sien en matière de formation universitaire : il est nécessaire de formuler les objectifs majeurs du système, d'énoncer les missions globales assignées par la nation à l'enseignement supérieur, de fixer les principes de gouvernance des universités et des grandes écoles, d'organiser les coopérations pour clarifier et simplifier le panorama des formations.

D'après les textes de loi, les universités disposent en principe d'une large autonomie. Mais elle est bien plus formelle que réelle. La tutelle des administrations centrales conduit souvent à réduire les capacités d'initiative des établissements. Je crois qu'il est temps de mettre en œuvre une véritable politique contractuelle entre l'État et les universités, autour d'un vrai projet d'établissement, avec des financements conséquents à la clé. Initiative et responsabilité seraient les piliers de ces contrats qui laisseraient aux universités une plus grande marge de manœuvre pour choisir leur stratégie et leur mode d'organisation, dans le cadre des orientations nationales fixées par l'État.

Des moyens nouveaux devront être recherchés au travers de financements privés. Plutôt que d'évoquer la piste de l'augmentation des droits d'inscription, qui irait contre le principe de la gratuité des études, je crois qu'il est nécessaire de lever le tabou des financements d'entreprises à l'université. De même, les réseaux d'anciens élèves doivent pouvoir être mis à contribution. L'enseignement supérieur ne peut plus tout attendre de l'argent public. Les fondations universitaires qui se créent permettent de recueillir des fonds privés qui améliorent déjà bien l'ordinaire des établissements : augmentation des bourses, développement des échanges internationaux, modernisation des équipements informatiques ou sportifs, etc. Elles permettent en même temps d'établir de fructueux dialogues entre les entreprises de la région et leurs universités.

N'oublions pas la recherche !

Nous nous lamentons souvent de voir les universités françaises à la traîne des classements internationaux, comme celui publié chaque année par l'université de Shanghai. Mais il faut dire que nos universités ne jouent pas le jeu des standards internationaux. Elles sont trop émiettées[1] et refusent de se regrouper pour atteindre la taille critique. Les coopérations entre universités et grandes écoles sont elles aussi insuffisantes, alors qu'elles pourraient se multiplier,

1. L'enseignement supérieur en France compte quatre-vingt-cinq universités, quatre écoles normales supérieures, près de deux cent trente écoles de commerce et autant d'écoles d'ingénieurs… l'ensemble étant réparti sur plus de cent cinquante sites !

pour créer des diplômes de double cursus ou organiser des filières doctorales conjointes. Dans leur rapport *Éducation et Croissance* (2004), les économistes Élie Cohen et Philippe Aghion déplorent que la France ne soit plus une « économie d'innovation », mais une « économie d'imitation ». Le constat est alarmant. Pour y remédier, il est essentiel de renforcer le rôle des universités dans la politique de recherche, en réseau avec les grands organismes nationaux : CNRS, CEA, INRA, INRIA, Inserm, etc. La loi de programme sur la recherche, à l'adoption de laquelle j'ai beaucoup contribué en 2005, encourage la création de pôles de recherche et d'enseignement supérieur, associant les universités, les grandes écoles et des laboratoires de recherche. Elle assouplit également leurs règles de gestion budgétaire.

Avec cette loi, la France a enfin décidé de se doter d'une stratégie nationale de recherche au plus haut niveau de l'État et d'affecter, à travers l'Agence nationale de la recherche, des moyens financiers conséquents en fonction de priorités clairement affirmées. La définition de pôles de compétitivité, souvent rassemblés autour de projets de recherche et d'innovation, va également dans le sens d'un meilleur rayonnement et d'un rapprochement des universités, des centres de recherche et du tissu économique.

Le rôle pilote de l'État est essentiel pour encourager, dans notre pays, une dynamique de créativité qui, seule, pourra nous permettre d'entrer de plain-pied dans l'économie de la connaissance. Je peux le constater en suivant le démarrage de l'Opération d'intérêt national[1] de Vélizy-Massy-Saclay-Versailles-Saint-Quentin-en-Yvelines. 10 % de la recherche publique

1. Opération d'urbanisme pilotée par l'État, et associée à un régime juridique particulier, étant donné son intérêt exceptionnel.

française travaille sur ce territoire. On y trouve deux universités, Orsay et Versailles-Saint-Quentin, mais aussi une profusion de grandes écoles (HEC, Polytechnique, Supélec, etc.). Une telle concentration d'intelligence, couplée à des zones d'activité importantes comme Vélizy ou la ville nouvelle de Saint-Quentin-en-Yvelines, devrait produire une dynamique d'innovation spectaculaire. Au moins cent entreprises de croissance devraient déjà exister sur cette zone. Or il n'en est rien, car aucune convivialité n'y règne, aucun échange n'a lieu entre les uns et les autres. Un véritable cloisonnement, qui se traduit par l'absence de transports en commun ou d'un réseau Internet à très haut débit qui relierait l'ensemble de ce territoire !

Ainsi, au lieu d'avoir, aux portes de Paris, un « MIT[1] à la française », nous avons une kyrielle de lieux d'excellence qui ne se fréquentent pas. Un comble. Et la région Île-de-France, pourtant compétente en matière de développement économique, n'arrive pas à faire bouger les choses. Seul l'État pourra, par cette Opération d'intérêt national, mettre tous les acteurs concernés autour de la table afin de construire, sous la forme d'un « Parc naturel urbain » de grande qualité environnementale, les lieux de vie, les logements et les bureaux où chercheurs, étudiants, salariés, français et étrangers, pourront se côtoyer, discuter, échanger et créer ensemble.

Dans le débat de la campagne présidentielle, les candidats devraient accorder la place qu'elles méritent aux questions de formation, d'enseignement supérieur et de recherche. Car dans la compétition des économies mondiales, notre pays ne tirera son épingle du jeu que si notre jeunesse est éduquée,

1. Massachusetts Institute of Technology.

conquérante et créative. Et si la France redevient rapidement une économie fondée sur l'innovation.

J'ai parlé de la recherche, mais le législateur ne doit pas oublier l'éthique. « Science sans conscience n'est que ruine de l'âme », disait déjà Rabelais. À l'heure où les progrès de la science nous placent face à des choix fondamentaux, cette mise en garde est plus pertinente que jamais.

9

Le clonage humain, c'est pour demain

Jouy-en-Josas, au cœur de ma circonscription. Je visite les laboratoires de l'INRA. C'est ici, en 1998, que des chercheurs sont parvenus à donner naissance à une vache clonée, « Marguerite », deux ans après la brebis Dolly au Royaume-Uni. À l'époque, la nouvelle avait fait l'effet d'un coup de tonnerre. Je me doutais que la recherche avait continué, mais c'est une véritable ménagerie que je découvre : on clone désormais les vaches, les chevaux, les lapins... Il ne reste, me dit-on, qu'une fragile barrière qui, pour l'instant, empêche de cloner le singe et, plus difficile encore, l'homme. Mais c'est uniquement une question de temps... La performance technique paraît à portée d'éprouvette.

L'enthousiasme des chercheurs de l'INRA est palpable. Pour eux, repousser les frontières de l'impossible est tellement stimulant ! Grâce au clonage, les meilleurs taureaux reproducteurs, les plus beaux étalons seront immortels : leurs clones seront nés de leur vivant et viendront prendre leur place avant d'être eux-mêmes clonés, et ainsi de suite jusqu'à la fin des temps.

On imagine aussi le recours au clonage pour les animaux de compagnie : clonez votre chat ou votre chien, ce fidèle compagnon restera auprès de vous pour la vie ! En plus, suprême pirouette de la génétique, les animaux clonés ne se ressemblent pas forcément ! Ainsi, les veaux clonés n'ont pas tous les mêmes taches sur la peau… Comme des jumeaux, me précise-t-on, ne sont pas tous identiques, parce que les conditions dans lesquelles le patrimoine génétique, identique chez l'original et son clone, va se développer ne sont jamais tout à fait les mêmes.

Et l'homme dans tout ça ?

Chargée avec mon collègue du Val-de-Marne, le professeur de médecine Pierre-Louis Fagniez, éminent spécialiste de ces questions, de la révision des lois sur la bioéthique, je prends conscience de l'urgence du problème et de ses implications.

C'est en effet à cette époque que la secte Raël annonce avoir réussi le premier clonage humain. Une jeune femme portant dans ses bras un adorable bébé, tout beau, tout rose, se présente aux médias. Aucune preuve ne pourra être apportée, évidemment, du fait que ce bébé soit un clone. Mais à l'autre bout du monde, le docteur Severino Antinori, devenu célèbre pour avoir mené à terme la grossesse d'une Romaine âgée de soixante-deux ans, annonce lui aussi son intention de relever le défi du clonage humain. La « banalité » de ces deux annonces laisse pantois. Que penser de cette vision idyllique du clonage humain, incarnée par l'image de ce nourrisson souriant et les ambitions affichées d'un accoucheur de l'impossible ? Tout « exploit » de la science mérite-t-il les applaudissements ?

Les partisans du clonage nous disent qu'il est injuste que certains hommes ou certaines femmes, stériles, n'aient pas accès comme les autres au droit d'avoir des enfants, droit dont le clonage leur permettrait l'exercice. C'est la première justification du clonage reproductif humain, une explication médicale et humanitaire. Puisqu'il existe déjà diverses techniques d'assistance médicale à la procréation pour aider les couples infertiles à avoir des enfants, comme la fécondation *in vitro*, pourquoi le clonage ne serait-il pas considéré comme une de ces techniques, au même titre que les autres ? Et ils vont plus loin : puisque certains hommes et certaines femmes n'ont pas la chance de trouver le partenaire avec qui fonder une famille, pourquoi ne pas leur offrir la possibilité d'avoir des enfants par clonage ?

Cette deuxième revendication, outre qu'elle pose pour les hommes la question redoutable de savoir qui portera l'enfant, me paraît encore plus déstructurante pour la société : elle aboutit en effet à bannir l'idée même de reproduction sexuée comme fondatrice de l'espèce humaine. Elle pousse à son extrême absolu l'individualisme des sociétés occidentales.

Quel « droit à l'enfant » ?

Le présupposé idéologique du « droit à l'enfant » transparaît en filigrane de ces revendications. Or je crois que les responsables politiques doivent réaffirmer haut et fort qu'il n'existe pas de tel droit ! L'enfant est une personne, et nul ne peut se prévaloir d'un droit sur une autre personne.

Cela n'interdit pas aux pouvoirs publics de faciliter les techniques médicales de lutte contre la stérilité. Mais des bornes éthiques doivent être posées. Même s'il est toujours difficile de les définir, surtout quand les pays, souverains en la matière, n'adoptent pas les mêmes limites.

S'agissant du clonage reproductif, il existe en théorie, et c'est heureux, un consensus international. Nous sommes apparemment unanimes – pour combien de temps ? – pour estimer que ni la souffrance des couples infertiles ni la frustration des personnes seules et sans enfant, ne peuvent justifier que médecins et législateurs transgressent ce qui fait l'essence même de l'être humain, c'est-à-dire son unicité.

En reproduisant à l'identique un être humain, en créant artificiellement un « jumeau » né quelques années plus tard que l'original, on rend l'identité du nouveau-né prévisible : elle n'est plus le fruit du hasard qui préside normalement à la rencontre des ADN du père et de la mère. Or c'est précisément le rôle du hasard dans la conception de l'enfant qui fait que vous aurez beau chercher des ressemblances, vous ne pourrez pas prévoir ses traits physiques ni son caractère. C'est le hasard qui rend chaque enfant unique.

C'est pour cette raison que nous ne pouvons pas et que nous ne pourrons jamais banaliser l'éventualité du clonage. Ni le considérer comme une technique d'aide à la reproduction parmi d'autres.

Ajoutons que pour réussir le clonage d'une personne, il faudrait mener une série d'expérimentations sur l'être humain, dont nul ne sait si elles aboutiraient à la naissance de bébés en bonne santé. Car le discours des partisans du clonage humain se garde bien de mentionner les très nombreux problèmes rencontrés lors des opérations de clonage animal : animaux mort-nés, estropiés, aux organes défectueux, au vieillissement précoce... Au total, le taux de réussite du clonage animal ne dépasse pas 2 % !

Alors, s'il est permis aux chercheurs de manipuler le patrimoine génétique des animaux, il en va tout autrement des êtres humains. De telles manipulations ne peuvent être exceptionnellement autorisées que si, et seulement si, elles apportent un bénéfice aux personnes concernées. En d'autres termes, pas question de jouer les apprentis sorciers avec des bébés !

Un crime contre l'espèce humaine

Comment traduire et faire partager la mobilisation sans faille de la France face au défi du clonage ? Jean-François Mattéi, ministre de la Santé en 2003, avait beaucoup réfléchi à ces questions. Au point d'y consacrer un ouvrage joliment intitulé *Sonate pour un clone*[1].

Il nous proposa d'inscrire dans la loi française une condamnation particulièrement solennelle du clonage, le qualifiant de « crime contre l'espèce humaine ». Une qualification alors inédite. Il n'existait en effet que la notion de « crime contre l'humanité ». À première vue pertinente, cette notion ne pouvait pourtant pas s'appliquer au clonage, car elle est définie de façon très précise à l'article 7 du Statut de Rome de la Cour pénale internationale de 1998.

Le clonage devait donc relever d'une autre qualification. Celle de « crime contre l'espèce humaine » s'accompagnait de sanctions très lourdes : trente ans de réclusion criminelle, et réclusion à perpétuité lorsque le crime serait commis en bande organisée. Enfin, un régime de prescription particulièrement sévère était prévu : les juges pourraient poursuivre les cloneurs pendant trente ans, la date courant à compter de la majorité de l'enfant cloné si ce dernier décidait de les attaquer en justice !

Au départ, j'étais réticente à donner corps à ce nouveau crime. Notre droit pénal, héritier du Décalogue et

---

1. Presses de la Renaissance, 2000.

notamment du sixième commandement, « tu ne tueras point », a toujours fait du meurtre le premier des crimes. Cette logique n'a pas été remise en cause par la reconnaissance des « crimes contre l'humanité » car ce sont des séries de meurtres commis avec l'intention de détruire un peuple. En revanche, cloner, n'est-ce pas donner la vie à une personne ? Cela peut-il être plus grave que de la lui retirer ? Nous qui faisions la loi, n'étions-nous pas en train de céder à l'émotion du moment ? Cette création juridique se justifiait-elle réellement ? Ne devions-nous pas être plus prudents, ne serait-ce qu'en pensant à l'enfant issu d'un éventuel clonage, qui serait une personne à part entière et qui risquerait d'être stigmatisé à vie s'il était le produit d'un crime contre l'espèce humaine ?

Après avoir auditionné de nombreux experts, discuté et débattu avec mes collègues parlementaires, de droite comme de gauche, j'ai cependant fini par être convaincue que qualifier le clonage de crime contre l'espèce humaine était une décision légitime et appropriée à la gravité de la situation.

En clonant une personne, les scientifiques briseraient, en effet, un des tabous premiers de notre société. Comme celle-ci a banni l'inceste, elle doit bannir le clonage. L'enfant doit continuer à naître de la rencontre d'un homme et d'une femme, avec une part de hasard – que la médecine peut réduire en cas d'anomalies génétiques, mais pas totalement annuler. Ainsi, chaque être humain, mélange aléatoire de gènes, restera unique. À rebours, reproduire un être humain à l'identique prédétermine l'enfant et le prive de l'essence même de son identité.

Voilà pourquoi il n'est pas exagéré de qualifier le clonage de crime contre l'espèce humaine.

Voilà pourquoi, aussi, il est indispensable que la France et ses partenaires européens, au premier rang desquels l'Allemagne, poursuivent leur combat pour une condamnation universelle du clonage reproductif.

Attention à ne pas tout mélanger !

Mais ce serait une erreur, à mes yeux, de mêler à ce débat international la condamnation de ce qu'on appelle le « clonage thérapeutique » ou le « clonage non reproductif », c'est-à-dire la duplication de cellules clonées en laboratoire, pour fabriquer des tissus humains.

De nombreux pays soutiennent d'ores et déjà la recherche médicale qui utilise la technique du transfert de noyau pour cloner des cellules humaines.

On ne trouvera pas de consensus mondial pour une double interdiction des clonages reproductif et thérapeutique. Pour une simple et bonne raison : le « clonage thérapeutique », c'est-à-dire le transfert du noyau d'une cellule dans un ovocyte énucléé dans le but de créer des lignées de cellules clonées et, à terme, des tissus organiques, sera peut-être un jour porteur de progrès spectaculaires pour la recherche médicale. Et il ne conduit pas à la naissance d'un être humain.

C'est pour cette raison que la Grande-Bretagne et la Belgique ont légalisé la recherche sur ces techniques. Et que, malgré l'opposition personnelle de George W. Bush, le Sénat et la Chambre des représentants des États-Unis souhaitent financer ces recherches sur les fonds fédéraux.

Après avoir fait preuve de beaucoup de prudence sur ce sujet, et avoir soutenu le maintien de l'interdiction du clonage non reproductif en 2004, je suis désormais convaincue que la France doit à son tour évoluer et, à l'occasion du prochain réexamen des lois sur la bioéthique qui interviendra en 2009, lever les sanctions pénales sur ce type de recherches. Car, s'il est vrai que les cellules produites par « clonage thérapeutique » constituent des embryons au premier stade de leur développement, ce processus ne poursuit aucun but reproductif. L'objet de ces recherches n'est absolument pas de faire naître des bébés clonés, mais d'alimenter la connaissance sur les cellules souches dans la perspective, un jour peut-être, de disposer de tissus ou d'organes totalement compatibles, afin de résoudre l'épineuse question des greffes d'organes.

Ce sont des hypothèses à très long terme, bien sûr. Mais qui révolutionneront, si elles se réalisent, nos systèmes de santé publique. À côté de la recherche sur les cellules souches adultes que nous devons résolument encourager, il y a aussi la recherche sur les cellules embryonnaires. Dans ce domaine, bien que catholique, je crois en mon âme et conscience que nous ne pouvons pas priver les Français des progrès liés au clonage thérapeutique, même si celui-ci conduit à fabriquer des embryons à des fins de recherche.

Des garde-fous éthiques devront évidemment être établis par l'Agence de la biomédecine, afin notamment que les chercheurs ne soient pas tentés de faire évoluer leurs travaux sur les cellules souches vers le clonage reproductif. Mais celui-ci devra être clairement distingué des recherches à but thérapeutique. Car c'est lui qui pose un défi radical à l'humanité.

Or il faut faire vite. Dans certains petits États du globe, aucune condamnation du clonage reproductif n'existe. Cela veut dire que des médecins peu scrupuleux peuvent y poursuivre leurs expériences. Si nous voulons empêcher l'apparition du clonage humain, il nous faut obtenir de l'ONU, dans les plus brefs délais, la signature d'un traité multilatéral condamnant définitivement le clonage humain. C'est l'engagement de la France. Il doit devenir celui de tous les autres pays. L'éthique est un combat de tous les instants dans le monde moderne, où tout semble pouvoir s'acheter…

10

Mères porteuses, adoption, dons d'organes : tout ne s'achète pas !

Je suis en visite à Bruxelles, au ministère de la Justice. Le pays est sous le choc : par l'intermédiaire d'un site Internet, une mère porteuse a revendu à un couple néerlandais le bébé qu'elle avait porté pour un autre couple, à qui elle a dit avoir fait une fausse couche, pour tirer un meilleur profit de la naissance... Le père biologique de l'enfant et sa compagne, faisant difficilement leur deuil de ce bébé attendu, se sont renseignés et ont appris que la mère porteuse avait en réalité accouché ! Ils sont partis à la recherche du bébé, mais celui-ci avait d'ores et déjà fait l'objet d'une procédure d'adoption en bonne et due forme...

Désormais, sur Internet, on trouve des sites de vente d'ovules et de mise en relation entre mères porteuses – rebaptisées « gestatrices pour autrui » depuis les années 1990 – et couples en mal d'enfants. Les ovules de jeunes femmes blondes aux yeux bleus, étudiant dans de prestigieuses universités, se négocient jusqu'à 10 000 dollars. Aux États-Unis, certaines étudiantes utilisent ce marché lucratif pour financer une partie de leurs coûteuses études. Le « meilleur des mondes » ? En tout cas, c'est celui dans lequel nous vivons. Un monde où la cupidité des hommes peut les conduire à des trafics humains.

Dans notre société globalisée, irriguée par Internet, tout s'achète et tout se vend. Les corps certes, mais aussi les organes, et même les enfants. La ministre de la Justice belge est indignée. Jusqu'alors, dans ce pays, comme aux Pays-Bas ou au Canada, la gestation pour autrui n'était pas interdite, tant qu'elle ne donnait pas lieu à rémunération de la mère porteuse. La loi belge refuse la marchandisation du corps humain, mais admet, contrairement à la loi française, qu'une femme puisse gratuitement porter l'enfant d'une autre. Toutefois cette tolérance se trouve mise à mal par le scandale qui vient d'éclater. Et la ministre d'ajouter, à l'attention des parlementaires un peu étonnés que nous sommes, que de nombreuses mères porteuses belges viendraient accoucher sous X en France pour pouvoir disparaître de l'état civil de l'enfant, ce que la loi belge n'autorise pas… Ainsi, alors même que la loi française interdit les mères porteuses, la particularité de notre législation sur l'accouchement anonyme conduit des mères porteuses étrangères à venir mettre leur bébé au monde dans notre pays, en toute impunité ! Elles font reconnaître l'enfant par son père biologique, l'abandonnent à la naissance et le tour est joué. Il ne reste plus au père qu'à retourner dans son pays et à faire adopter l'enfant par sa femme ou, désormais, son mari, s'il est néerlandais, belge ou espagnol, puisque ces pays ont autorisé le mariage et l'adoption par les couples homosexuels.

La mondialisation fragilise le législateur

La valorisation du désir d'enfant et la revendication de plus en plus assumée d'un « droit à l'enfant » sont des tendances de fond dans toutes les sociétés occidentales. La réponse à ces aspirations est cependant très différente d'un pays à l'autre, en fonction de son histoire, de ses traditions et de sa culture. Si la mondialisation tend à harmoniser les comportements sur l'ensemble de la planète, elle ne doit pas mettre en cause la souveraineté des États sur des sujets qui sont au cœur de leur pacte social : la famille, la santé, l'éducation.

Il est vrai que le droit applicable à l'étranger exerce indéniablement un pouvoir d'attraction sur certains couples dans l'impossibilité de procréer, voire sur des personnes seules qui désirent un enfant. On assiste ainsi depuis quelques années au développement de ce que les sociologues ont appelé le « tourisme procréatif ». Un certain nombre de couples français ont déjà eu recours à des mères porteuses à l'étranger, par exemple en Californie, où le droit est très libéral et reconnaît la mère « intentionnelle », celle qui signe un contrat avec la mère porteuse, comme la seule mère légale de l'enfant. Ainsi, les parents contournent l'interdiction posée par la loi française de disposer du corps d'autrui et de rémunérer quiconque pour l'usage de son corps. Mais au retour, ils se trouvent dans des situations juridiques inextricables. J'ai été confrontée à plusieurs cas de jeunes couples dont l'enfant, âgé déjà de quelques années, n'avait toujours pas d'état civil en France, parce que notre pays ne reconnaissait pas sa mère « intentionnelle » comme sa vraie mère, et qu'aux États-Unis, sa mère porteuse avait, quant à elle, disparu de sa filiation.

À mon grand regret, il n'a pas été possible de trouver une solution pour ces enfants, à demi orphelins au regard de la loi. Reconnaître de fait leur mère intentionnelle au bout de quelques années aurait inévitablement incité des couples français à aller faire porter leurs enfants à l'étranger, puisqu'ils auraient eu l'assurance d'une régularisation de leur situation à leur retour...

Si la loi bioéthique française reste si stricte sur l'interdiction des mères porteuses, c'est que le sujet soulève des questions morales cruciales, que nous ne pouvons éluder. D'abord, toute grossesse comporte des risques médicaux pour la femme qui la mène. Les conséquences pour la santé de la mère porteuse ne sont pas toutes couvertes par le défraiement de la grossesse. Que se passera-t-il si la mère porteuse meurt en couches ? Si elle est handicapée à vie à la suite d'une erreur médicale ? Quant aux conséquences psychologiques, elles sont difficiles à appréhender avec certitude. Est-il si facile pour une mère porteuse, une fois l'accouchement passé, de se séparer de l'enfant qu'elle a porté ? C'est une question si complexe qu'en Californie la loi fait intervenir une troisième personne dans la conception de l'enfant : la mère « donneuse ». La mère « donneuse » donne l'ovule, la mère « porteuse » porte l'enfant. Un donneur de sperme peut aussi intervenir dans le processus. Tout cela pour le compte d'un autre couple. Le législateur californien estime donc que la mère porteuse aura moins tendance à s'attacher à l'enfant qu'elle va mettre au monde s'il n'est pas son enfant biologique, mais seulement un embryon qu'elle aura accueilli neuf mois dans son utérus. Reste que de nombreux scientifiques attestent que ces mois de grossesse sont extrêmement riches d'échanges *in utero* entre le fœtus et la mère. Peut-on les effacer d'un trait de plume sans que cela laisse des traces, sur l'enfant lui-même ou sur celle qui l'a porté ? Et puis, n'y a-t-il pas dans le fait de porter l'enfant d'une autre, moyennant finances, un risque d'exploitation de la femme, proche de l'esclavage humain ? Si l'on regarde, aux États-Unis, qui sont les mères porteuses et qui sont les mères intentionnelles, on s'aperçoit qu'elles ne font clairement pas partie de la même catégorie sociale. Et elles n'ont pas toujours la même couleur de peau… Enfin, n'oublions pas les drames humains qui peuvent se nouer si l'enfant ainsi conçu naît handicapé. C'est déjà une situation très douloureuse à vivre pour des parents biologiques, qu'en sera-t-il pour des parents « contractuels » ?

Il y aurait donc un paradoxe insurmontable à « régulariser » les enfants nés de mères porteuses à l'étranger. Cela signifierait que nos compatriotes peuvent louer le corps de certaines femmes, dès lors qu'elles ne sont pas françaises.

Je crois que la mondialisation ne peut pas conduire les parlementaires français à abdiquer leurs compétences, leur réflexion éthique et leur discernement. Si nous sommes convaincus, en notre âme et conscience, des dérives humaines et sociales de la gestation pour autrui, nous ne devons pas nous sentir contraints d'aligner notre législation sur celle des pays les plus permissifs en la matière, même pour répondre à la détresse des couples stériles. Et pourtant, leur désarroi est réel. Quel sentiment d'injustice, par exemple, pour une femme privée d'utérus, de ne pouvoir faire porter son enfant biologique par une autre…

L'humain ne s'achète pas

L'enfant donne de plus en plus lieu à des pratiques marchandes. Ainsi, la pénurie d'ovules en France conduit des milliers de femmes en attente de dons à aller tenter une procréation médicalement assistée en Espagne, où les donneuses d'ovules sont désormais « défrayées ». Mais là encore, qui donne ses ovules pour 1 000 euros ? N'y a-t-il pas un risque d'exploitation de la détresse sociale et de la misère d'autrui à travers un commerce contre nature ?

Il y a évidemment, s'agissant des dons d'organes ou de produits du corps humain, un déséquilibre entre l'offre et la demande, qui peut conduire à toutes les transgressions. On se souvient du poignant film de Stephen Frears, *Dirty Pretty Things*, qui décrivait, en 2003, dans les bas-fonds de Londres, l'échange au péril de leur vie par des immigrés clandestins d'un rein contre des papiers en règle.

Des pratiques scandaleuses existent aussi, on le sait, en matière d'adoption internationale. Les abus sont nombreux, malgré la procédure d'agrément des candidats à l'adoption en France et la vigilance de plus en plus grande des pays où sont nés les enfants. J'ai reçu des témoignages éclairants sur le fonctionnement de certains réseaux d'adoption. Mais cette situation ne pourra pas durer éternellement, tant elle est mal vécue par les pays en développement qui en sont victimes. Je souhaite que la nouvelle agence de l'adoption qui vient d'être mise en place s'engage à réduire les délais d'attente des candidats à l'adoption, qui peuvent durer jusqu'à cinq ou six ans, tout en moralisant, sur le terrain, certaines pratiques intolérables.

Nous devons être fiers des grands principes qui fondent notre droit. En France, l'humain ne s'achète pas. Les produits du corps humain – le sang, le sperme, les ovules – ne s'échangent pas contre de l'argent. Le don d'organe est lui aussi gratuit. Et on ne peut pas louer son ventre. Pour l'instant.

Parce que le droit de la santé et celui de la famille touchent à un fondement de notre société, la France doit continuer d'en avoir la maîtrise totale et entière. Ces droits doivent respecter nos héritages culturels et nos choix politiques. C'est d'ailleurs ce que reconnaissent explicitement les traités fondateurs de l'Union européenne, prenant acte de la diversité des États qui la composent. Je crois que dans tous ces domaines aussi, c'est d'abord l'intérêt des enfants qui doit être pris en considération, avant la détresse, pourtant sincère et émouvante, des adultes. Et nous devons protéger les moins favorisés, en France comme à l'étranger, en prenant garde à ne pas encourager, par la loi, une forme d'exploitation d'un homme par un autre ou d'une femme par une autre.

Mes réticences fortes quant à la légalisation de la gestation par autrui sont aussi une des raisons qui me conduisent à aborder avec beaucoup de prudence la question de l'homoparentalité. En effet, certains couples d'hommes souhaitent adopter, et d'autres désirent concevoir des enfants biologiques avec une mère porteuse…

11

Les homoparents, la loi et l'enfant

Elles sont venues me voir pour témoigner, à ma demande. Appelons-les Anne et Aurore. L'une, plutôt exubérante, a les cheveux longs. L'autre, plus réservée, légèrement ironique, a les cheveux courts. Elles sortent des photos de famille. Évoquent leur vie de couple depuis douze ans, tellement plus stable que celle de leurs frères et sœurs, entre séparation et recomposition. Elles sont touchantes quand elles parlent des premiers pas de leur fille, qu'elles n'ont pas vus parce que celle-ci était en résidence alternée chez ses pères, cette semaine-là... Oui, elles ont fait un bébé à quatre. C'est un projet qu'elles ont longuement mûri, car elles souhaitaient un enfant, mais pas un enfant sans père. Alors elles ont tout soigneusement préparé avec un couple d'amis. Il a fallu tout prévoir. Organiser au jour le jour la vie de l'enfant. S'entendre sur les modalités de son éducation. Et maintenant, il faut répondre aux questions qui se posent chaque jour. L'une d'entre elles est la mère légale et biologique. L'autre n'est rien, au regard de la loi. Mais la petite fille la considère comme sa deuxième maman.

Un bébé à quatre

Des situations comme celles-ci, j'en ai rencontré un certain nombre pendant la mission parlementaire sur la famille. Je me souviens d'Alex, le père adoptif qui a caché à l'administration que son fils avait, au quotidien, un deuxième père, et qui me montre avec fierté les bulletins scolaires de son rejeton, couverts d'éloges. Je me souviens d'Emmanuelle, partie avec sa compagne se faire inséminer en Belgique, pour réaliser leur désir d'un enfant élevé ensemble, un enfant qui concrétiserait leur amour... Et puis j'en ai rencontré aussi à l'étranger, où les législations ont ouvert le champ du possible. Aux Pays-Bas, où les homosexuels sont désormais mariés mais n'arrivent pas à adopter, malgré une législation favorable. En Espagne, en Grande-Bretagne, en Belgique, au Canada...

Partout, je sens la puissance du désir d'enfant qui s'exprime et, en même temps, une impérieuse demande de reconnaissance. La reconnaissance de l'homosexualité comme une identité et non comme un choix, comme quelque chose d'irrépressible et d'irréversible, qu'on ne veut plus passer sous silence, vivre dans la clandestinité. C'est une situation humaine très poignante que je ne m'attendais pas à vivre avec cette intensité lorsque j'ai pris la responsabilité de devenir rapporteure de la mission parlementaire sur la famille et les droits de l'enfant. Je n'étais pas sensibilisée au sujet. La plupart de mes proches homosexuels ne se sentaient pas concernés par les mouvements revendicatifs en faveur du mariage et de l'adoption. Leur combat commun, en revanche, s'exprimait sur le terrain de la lutte contre l'homophobie et contre les discriminations. Mais ils revendiquaient davantage le droit à l'indifférence que le droit à la différence.

Dans le cadre de la mission, j'ai rencontré des personnalités plus engagées. Certes marginales aujourd'hui dans la société française, mais représentatives d'une tendance qui s'exprime partout dans le monde, celle d'homosexuels qui veulent avoir une véritable vie de famille.

La famille, c'est là où est l'enfant

Famille et homosexualité. Les deux mots semblent *a priori* antinomiques, puisque les couples homosexuels ne peuvent concevoir d'enfant ensemble. Mais la réalité est autre. D'abord, il y a les familles recomposées où des enfants nés d'une union antérieure viennent vivre avec leur mère et la compagne de celle-ci, ou leur père et son nouveau compagnon. Ensuite les couples de femmes, qui n'ont pas « fait un bébé toutes seules » mais élevé ensemble le fruit de l'une d'entre elles. Puis la coparentalité, à deux, trois ou quatre, avec des amis, qui permet à un (ou des) homosexuel(s) d'être parent(s) biologique(s) d'enfants, sans pour autant entretenir de relations sentimentales avec l'autre parent biologique. Les progrès de la science, avec l'insémination artificielle, et les différences de législations européennes, notamment en ce qui concerne l'accès aux mères porteuses, viennent accroître le spectre des possibles. Au total, plusieurs dizaines de milliers d'enfants vivent aujourd'hui avec un ou deux parents homosexuels.

Face à ces situations d'une grande complexité humaine et juridique, je réalise que, quels que soient les modèles familiaux que l'on peut souhaiter promouvoir, la famille, c'est là où est l'enfant. Nier aux couples homosexuels qui élèvent des enfants la qualification de famille, c'est aussi absurde que de juger, comme l'avait fait la Cour de cassation il y a quelques années, qu'il ne pouvait pas y avoir de concubinage homosexuel. Qu'est-ce que la définition juridique du concubinage, si ce n'est la cohabitation sous un même toit d'un couple lié par des relations sexuelles ?

Qui dit mariage dit filiation

C'est pourquoi j'ai refusé d'évacuer d'emblée la question du mariage et de l'adoption par les couples de même sexe des travaux de la mission sur la famille, comme m'y encourageaient certains de mes collègues.

Les deux questions me semblent d'ailleurs intimement liées. Car on ne peut qu'artificiellement scinder mariage et filiation. Le mariage, ce n'est pas qu'un acte social de reconnaissance de l'amour d'un couple. C'est un statut avantageux que la société a offert aux couples pour qu'ils puissent accueillir des enfants dans les meilleures conditions. Les pays qui ont accordé le mariage aux couples homosexuels n'ont pas pu en rester là : quelques années plus tard, les Pays-Bas comme la Belgique ouvraient à ces mêmes couples l'adoption, l'insémination artificielle et l'accès à des mères porteuses. Leur exemple montre bien qu'il serait illusoire de vouloir distinguer les questions du mariage et de l'adoption. Les associations de défense des droits des homosexuels ont d'ailleurs sur ce sujet une position sans ambiguïté, puisqu'elles revendiquent « l'égalité des droits entre les couples », ce qui inclut mariage et filiation. Tous les hommes politiques qui prôneraient de s'arrêter à mi-chemin seraient avant tout des tacticiens, calquant leurs opinions sur les sondages, qui montrent aujourd'hui une France majoritairement favorable au mariage des couples de même sexe, mais encore hostile à l'adoption.

Quant à moi, et aux membres de la mission parlementaire sur la famille, nous avons choisi de nous exprimer en notre âme et conscience, après avoir entendu tous les points de vue, sans anathème. Mais cela ne m'a pas conduite à donner satisfaction aux demandes qui se sont exprimées devant nous. Malgré l'émotion qui s'est indéniablement dégagée des auditions, ébranlant beaucoup de certitudes chez tous les participants, nous n'avons pas été totalement convaincus.

La loi peut-elle dire l'invraisemblable ?

Il y a certes la liberté de chacun de faire un enfant et de l'élever avec la personne de son choix. C'est une liberté essentielle à l'être humain et dont personne ne peut être privé. Mais il y a aussi la loi et le droit. Faut-il bouleverser les principes immémoriaux du Code civil pour inscrire dans la loi une fiction, qu'un enfant peut avoir deux pères ou deux mères ?

Un argument très fort en faveur de la modification de la loi tient à la définition que nous donnons de la paternité et de la maternité. Doit-on fonder celles-ci sur des réalités biologiques ou sur des réalités affectives ? Les associations de défense des droits des homosexuels ont beau jeu de souligner que des centaines de milliers d'enfants ont, au fil des générations, été élevés avec amour par des pères qui n'étaient pas leurs véritables géniteurs… et qui, la plupart du temps, l'ignoraient eux-mêmes. L'adoption présente un autre cas de parenté purement affective. Et les juristes savent bien que le droit français de la filiation a été conçu pour préserver « la paix des familles », notamment en interdisant les recherches « sauvages » en paternité, que l'on peut aujourd'hui réaliser à l'aide de tests ADN en vente libre dans certains pays ou sur Internet. Pour la loi française, le père d'un enfant, c'est l'homme qui l'a reconnu, pas son père biologique, sauf s'il y a contestation entre les deux. Tout est fait pour qu'aucun enfant ne se retrouve sans père. En filigrane, on comprend bien la finalité de notre loi : privilégier l'intérêt de l'enfant et la stabilité de son éducation.

Peut-on étendre ce raisonnement jusqu'à l'extrême limite en conférant à deux adultes de même sexe la qualité de parents d'un enfant ? Ce serait admettre que la parenté est une notion culturelle qui peut échapper à l'ordre naturel des choses. Il est vrai que désormais, s'agissant des transsexuels, et contrairement au célèbre dicton anglais[1], le législateur peut tout faire, y compris transformer un homme en femme… Mais le pas à franchir en matière de filiation homosexuelle mérite qu'on prenne le temps de la réflexion.

L'altérité des sexes, si elle est une richesse pour le monde professionnel, pour le monde politique et pour l'ensemble de la société – ce que je crois profondément – n'est-elle pas aussi une richesse pour l'éducation d'un enfant ? Celui-ci ne naît-il pas justement de la différence des sexes, ne s'enrichit-il pas de l'observation de cette différence ? Quand on lit Freud ou Dolto, on apprend à penser le développement de l'enfant en termes de confrontation avec ses deux parents et notamment celui de sexe opposé. Faut-il revenir sur les acquis d'un siècle de psychanalyse ?

Je sais que certains m'objecteront que les enfants ont des comportements sexués – aimer les armes et les voitures pour les garçons, les poupées et le maquillage pour les filles – uniquement parce que

1. « La loi peut tout faire sauf changer un homme en femme. »

la société projette sur eux des modèles auxquels ils doivent se conformer.

Mais, outre que cela ne correspond nullement à mon expérience personnelle de mère, qui estime avoir élevé tous ses enfants de la même façon, et qui pourtant les voit se conformer aux stéréotypes « voitures contre poupées », je reste au fond de moi-même persuadée qu'un repère masculin et un repère féminin sont utiles, et même préférables pour l'enfant. Et je ne peux me défaire de ce sentiment. Un certain nombre de témoignages de pédopsychiatres ou de spécialistes de l'enfance recueillis dans le cadre de la mission Famille nous ont confortés dans cette impression. D'autres, à l'inverse, soulignaient que seule compte la qualité affective de la relation, que l'important pour un enfant, c'est uniquement d'être aimé.

La vérité est sans doute entre les deux. Les couples de même sexe que j'ai rencontrés, cimentés par leur désir d'enfant, étaient certainement des parents attentionnés et aimants, différents des autres parents et compensant cette différence par un surcroît d'affection. Mais faut-il changer la loi pour tenir compte de leur situation particulière, quitte à lui faire dire l'invraisemblable, c'est-à-dire qu'un enfant peut ne pas naître de l'union d'un homme et d'une femme ?

Confrontée à ce dilemme, qui est aujourd'hui posé à la société française tout entière, je n'ai pas pu, avec certitude, affirmer qu'il serait sans effet sur la construction de l'identité de l'enfant et son développement que la loi instaure une filiation fictive, qui ne corresponde pas à la vérité de ses origines.

Le témoignage le plus douloureux que j'aie reçu fut celui de jeunes adultes, anciens enfants adoptés. Ils sont venus me dire l'immense difficulté qu'ils avaient eue dans leur adolescence à accepter leur abandon initial, à se reconstruire dans une autre famille qu'ils devaient considérer comme la leur alors que la société entière leur renvoyait au visage à quel point, originaires de pays d'Asie et d'Afrique, ils étaient physiquement différents de leurs parents. À la fin de notre conversation, ils conclurent : « N'ouvrez pas l'adoption aux couples de même sexe, ce sera trop dur pour les enfants d'être élevés par des parents pas comme les autres... »

Je touchais au cœur du problème, à son point le plus sensible. Les couples de même sexe, tout à leur désir d'enfant, ne sous-estimaient-ils pas les souffrances dans lesquelles ils risquaient de plonger leur progéniture ? les moqueries de cour de récréation ? les bagarres que ces enfants seraient obligés de livrer pour défendre ceux qui compteraient pour eux par-dessus tout, le couple qui les aimait tendrement ?

Sécuriser la situation des enfants

Certes, de plus en plus d'enfants seront, à l'avenir, élevés par des couples homosexuels dans le monde occidental. C'est une évidence, compte tenu des évolutions juridiques récentes : Pacs, mariage homosexuel, adoption, légalisation des mères porteuses dans de nombreux pays. Mais cette situation restera cependant très marginale en nombre. Ainsi, lorsque je me suis rendue à La Haye, j'ai pu constater qu'il ne s'y célébrait qu'un peu plus de mille mariages homosexuels pour plus de quatre-vingt mille mariages hétérosexuels chaque année.

Ces enfants, comme tous les autres, ont le droit à la protection du législateur. Ils ne doivent pas être stigmatisés en raison du mode de vie de leurs parents. Mais – et c'est plus important encore – leur cadre de vie doit être sécurisé. La place des adultes qui les élèvent doit être clairement affirmée par la loi. Et surtout, nous devons les prémunir contre les conséquences d'un éventuel décès de leur parent légal : le deuxième membre du couple doit pouvoir continuer à les élever dans le cadre dans lequel ils ont grandi.

C'est pourquoi j'ai proposé d'étendre à tous les couples une formule que j'avais d'abord élaborée à destination des beaux-parents de familles recomposées : celle de la délégation de responsabilité parentale. Il s'agirait d'un pouvoir qui serait donné librement par le ou les parents légaux à un « parent en plus », afin qu'il puisse effectuer tous les actes de la vie courante de l'enfant. Cette délégation ferait l'objet d'un simple enregistrement au tribunal d'instance, comme un Pacs, sans contrôle du juge.

Comme je l'ai dit précédemment, ce serait un instrument juridique d'un type radicalement nouveau, souple et s'adaptant à la diversité des modes de vie de chaque famille : homoparents, famille recomposée, famille monoparentale ou coparentalité. Il prendrait la forme d'un papier officiel que le beau-parent conserverait sur lui et pourrait présenter à la demande, pour aller chercher l'enfant à l'école, le faire hospitaliser, l'emmener en vacances…

En cas de décès du parent légal, j'ai ensuite fait adopter une disposition qui prévoit que les adultes qui ont participé à l'éducation de l'enfant puissent en demander la garde et la tutelle au juge, sous réserve de l'avis du conseil de famille. Cette possibilité n'était jusqu'alors pas prévue par la loi, qui confiait automatiquement la tutelle de l'enfant à ses grands-parents. Elle est destinée à tous les beaux-parents et peut s'appliquer aussi aux couples de même sexe.

Une fois la situation juridique des enfants ainsi sécurisée, il ne m'a pas paru souhaitable d'aller plus loin. Après un an de travail sur le sujet, je n'ai pas acquis la certitude qu'il faille bouleverser les piliers du Code civil, les fondements du droit de la filiation – un père, une mère, un enfant – pour répondre aux demandes qui s'étaient exprimées devant la mission parlementaire sur la famille.

Le mariage et l'adoption ne résoudront pas tout

Qui plus est, je n'ai pas été persuadée, au retour de mes missions à l'étranger, que l'ouverture du mariage et de l'adoption aux couples de même sexe puisse résoudre toutes les complexités juridiques et affectives des situations de vie. Aux Pays-Bas par exemple, deux hommes mariés qui veulent un enfant continuent de se heurter à de nombreux problèmes. Adopter n'est pas si simple, car peu de pays étrangers acceptent d'ouvrir l'adoption à des couples d'hommes. Pour eux, reste la voie de la coparentalité, à trois ou quatre, avec des amies, mais on se heurte alors au deuxième tabou du droit de la filiation, qui veut qu'un enfant ne puisse avoir que deux parents, et non pas trois ou quatre, même si trois ou quatre adultes ont conçu ensemble un « projet parental » et élèvent conjointement l'enfant. Que deviennent légalement, dans ce cas, les deux « beaux-parents » ? Le droit les ignore.

L'alternative à la coparentalité, c'est le recours à une mère porteuse, et j'ai déjà dit à quel point mes réticences en la matière sont fortes. Il ne faut donc pas croire que la légalisation du mariage et de l'adoption résoudra tous les problèmes des couples homosexuels. Or le sujet est trop important : des enfants sont en jeu. Pourquoi faudrait-il prendre des décisions précipitées ? J'ai proposé de faire preuve de prudence et de patience.

Je répugne à provoquer les évolutions de la société par la loi. Est-ce profondément un trait de mon caractère ? le fait d'être une femme ? ma formation de juge ? Je crois que le Code civil ne doit être modifié que « la main tremblante », pour accompagner les évolutions sociales et protéger les droits des plus faibles. La recherche d'un consensus doit être une exigence, il faut prendre le temps d'une maturation sereine. Nous sommes entourés de pays qui ont pris le risque de révolutionner leur droit. Considérons donc cela comme une chance : ils seront des laboratoires d'expérimentation et nous apprendrons de leurs réussites comme de leurs erreurs.

J'envie ceux qui, sur ces questions du mariage et de l'adoption par les couples de même sexe, ont des certitudes inébranlables. Quant à moi, en tant que rapporteure de la mission parlementaire sur la famille, j'ai pris mes responsabilités et j'ai tranché : non au mariage et à l'adoption, oui à une délégation de responsabilité parentale et à l'amélioration du Pacs.

La seule chose dont je sois sûre, c'est que sur de telles questions de société, le responsable politique qui se prononcerait non pas en conscience, mais par calcul politique, pour satisfaire telle ou telle catégorie d'électeurs ou pour flatter l'opinion publique, faillirait à la mission qui lui a été confiée par le suffrage universel.

C'est un paradoxe, sans doute, de constater à quel point l'enfant est devenu un objet de désir et d'attentions dans notre société, alors même que la génération des baby-boomers a endetté le pays, mettant en péril, sans en avoir vraiment conscience, le bien-être à long terme de ses propres enfants...

12

Harmonie ou guerre entre les générations ?

Jacques est un jeune grand-père, à la retraite depuis peu. Il vient me voir avec son épouse Suzanne pour évoquer les deux soucis qui minent sa vie quotidienne. Le premier, c'est sa fille cadette qui, de stages en contrats d'intérim, n'arrive pas à stabiliser ses revenus et à envisager de se loger seule. Il est, pour elle, à la recherche d'un emploi stable et d'un logement à prix modéré. Il m'interroge : faut-il qu'elle parte à Londres pour y parfaire sa maîtrise de l'anglais ? On lui a dit que, là-bas, il y avait du travail pour les jeunes et des conditions de vie meilleures. Me voilà transformée en conseiller d'orientation, comme cela m'arrive de plus en plus souvent. Dès que je peux, je transmets des *curriculum vitae* à des amis spécialisés dans les ressources humaines. J'essaye, bien que ce ne soit pas mon métier, de donner les bons conseils et d'envoyer vers des filières de formation dont je connais le taux élevé de placement sur le marché du travail.

Une « génération pivot » prise en étau

La seconde préoccupation de Jacques et Suzanne, c'est leur mère et belle-mère ; ils doivent décider de son avenir. Doit-elle, à plus de quatre-vingts ans, rester chez elle ou faut-il doucement la persuader d'entrer dans une maison de retraite, et si oui, laquelle ? Là encore, ils viennent faire appel à ma connaissance des résidences de personnes âgées de la région, pour avoir des informations à bonne source.

Jacques et Suzanne sont emblématiques du rôle social qu'est appelée à jouer, dans les années à venir, la « génération pivot » des cinquante-soixante ans. Arrivant au terme de leur vie active, ils se voient aujourd'hui en charge de deux générations : celle qui les précède, leurs parents, octogénaires, qu'ils doivent accompagner aux portes du grand âge, et celle qui les suit, leurs enfants, en proie aux difficultés d'insertion professionnelle et sociale de la jeunesse d'aujourd'hui.

Cette génération est au cœur d'échanges permanents. Il y a les échanges financiers (en moyenne, un couple de soixante ans donne 4 % de son revenu à ses enfants et petits-enfants chaque année), l'entraide informelle, le temps donné – car les grands-parents sont les premiers gardes d'enfant de substitution en cas de problème –, la transmission des savoirs, des racines, l'affection...

La société française s'apprête à connaître un phénomène d'ampleur inédite avec le « papy-boom », qui verra la génération de l'après-guerre arriver massivement à la retraite. C'est devenu une banalité de le dire. Mais en avril 2003, lorsque, secrétaire générale adjointe aux études de l'UMP, j'organisai un débat national sur le thème « L'allongement de la vie, une chance pour la France », j'eus bien du mal à intéresser les politiques et les journalistes. C'était seulement trois mois avant la canicule de l'été 2003. Mais j'entendais dire de tout côté que le vieillissement n'était pas un

« sujet politique ». Il fallut donc, malheureusement, les milliers de morts de la canicule pour que s'opère, dans notre pays, une véritable prise de conscience. Auparavant, le sujet du vieillissement était une sorte de tabou. Beaucoup de nos partenaires occidentaux avaient pourtant commencé à s'y préparer.

Une autre vie commence à soixante ans

À présent, de plus en plus de familles comprendront quatre générations. Nous devons conclure un nouveau « pacte intergénérationnel », pour éviter que l'allongement de la vie ne se traduise par le repli sur soi, l'individualisme et le conservatisme.

L'attitude qu'adopteront les jeunes retraités aura une influence prépondérante sur la prospérité et le dynamisme de notre pays. Seront-ils actifs et engagés dans la société ou dans les solidarités familiales et de voisinage ? Alors la France sera également un pays actif et engagé. Dans tous les domaines de la vie en société, nous devrons évoluer.

Se loger

En matière de logement d'abord. Trop souvent, je constate dans mon département que des couples de retraités ou des veufs, locataires depuis des dizaines d'années de grands logements familiaux, y demeurent alors même que leurs enfants les ont quittés depuis longtemps. C'est logique : pour le montant de leurs vieux loyers, peu réévalués, ils ne pourraient s'offrir que des logements beaucoup moins spacieux. Alors pourquoi déménager ? D'autant qu'il y a les habitudes et les amis qu'une vie passée dans un quartier a permis de créer.

Mais cela conduit à une pénurie de logements à louer pour les familles. Nous devons donc penser à mettre en place un financement privilégié permettant aux salariés, dès l'âge de soixante ans, de devenir propriétaires du logement dans lequel ils passeront leur retraite. À cet âge-là en général, les banques refusent les prêts. Est-ce encore logique, quand l'espérance de vie atteint près de quatre-vingts ans ? L'achat de biens immobiliers adaptés à la mobilité des personnes âgées, situés en centre-ville, éventuellement en résidence avec aide à domicile, permettrait de rendre sa fluidité au marché immobilier au bénéfice des familles, tout en garantissant les retraités contre les aléas de la vie, et particulièrement en les prémunissant contre les conséquences d'un veuvage brutal.

Et pour ceux qui n'auront pas les moyens de devenir propriétaires, je propose de lancer des expérimentations de logements aidés intergénérationnels, où cohabiteraient, dans un même immeuble, des familles avec enfants et des personnes retraitées vivant seules, pour tisser un meilleur lien entre générations.

En matière de logement étudiant, il serait également intéressant de généraliser les expériences de logement chez l'habitant, au travers des bureaux des élèves universitaires.

Être actif

Nos politiques publiques doivent aussi évoluer de manière à favoriser l'activité des plus de cinquante-cinq ans. Le gouvernement a mis le sujet sur la table en proposant un « contrat senior » de dix-huit mois, et en rehaussant le plafond de rémunération pour le cumul emploi-retraite. Il faut poursuivre les réflexions en ce sens. Nous savons qu'il est prioritaire, pour notre économie comme pour nos systèmes de sécurité sociale, d'accroître le taux d'activité des plus de cinquante-cinq ans, qui dans notre pays est exceptionnellement bas. Cela suppose que les partenaires sociaux veillent à construire des fins de carrière qui ne soient plus des couperets, mais des pentes douces, où le salarié expérimenté se verra confier des missions de tutorat et de formation des plus jeunes, avec des conditions de vie moins difficiles et éventuellement des horaires aménagés.

Combien ai-je reçu de cadres, victimes d'un plan de restructuration, qui à cinquante ans n'osaient plus mettre leur âge sur le CV qu'ils envoyaient aux gestionnaires de ressources humaines, sachant qu'il serait immédiatement mis à la poubelle ! Mon malaise est d'autant plus grand, vis-à-vis de ces hommes et de ces femmes à qui la société renvoie l'image de personnes « vieillies, fatiguées, usées », que la longévité des hommes politiques français est, elle, particulièrement remarquable. Comment justifier que la moyenne d'âge de l'Assemblée nationale soit supérieure à cinquante-sept ans, quand les plus de cinquante-trois ans ne sont que 37 % à être encore actifs dans l'économie française ? Ce décalage entre la durée de vie d'un responsable politique et celle d'un salarié est de moins en moins bien accepté, dans un pays qui exige désormais un renouvellement profond de ses dirigeants.

Toujours est-il que c'est à ce moment-là que j'ai pris conscience que l'enfer politique était souvent pavé de bonnes intentions. Ainsi la protection législative spéciale pour les salariés de plus de cinquante ans, le « dispositif Delalande », instauré sous le gouvernement Chirac en 1987, et qui garantit une indemnité très élevée en cas de licenciement, a eu des effets pervers considérables, dissuadant l'embauche des salariés de plus de quarante-cinq ans. C'est une leçon pour l'avenir. Nous, les politiques, devrions en toute circonstance peser l'effet à long terme de nos lois…

Envisager une « deuxième carrière »

Il est essentiel de réorganiser entièrement la fin de la vie professionnelle. En créant même dans certains métiers des « deuxièmes carrières ». Je pense aux enseignants. Combien en ai-je rencontré, au moment de la réforme des retraites, qui évoquaient la lassitude de trente-sept ans d'enseignement ! Il n'est plus possible, dans la France du XXIe siècle, d'engager des personnes dans des carrières uniformes de plus de quarante ans. Traditionnellement, c'est l'avancement et la mobilité géographique qui font évoluer une carrière dans la fonction publique. Mais l'avancement plafonne vite, sauf à passer des concours, ce qu'on ne fait pas à tout âge. Et migrer vers le sud ou vers l'ouest pour exercer son métier dans des territoires plus accueillants ne suffit pas. Il faut également que celui-ci ne se transforme pas en routine. Cela suppose de mettre en place des passerelles de mobilité vers des emplois nouveaux. Je l'ai dit, il me semble que les trois fonctions publiques devraient faire l'objet de davantage de fluidité. Les concours d'accès aux différents métiers devraient tenir compte du parcours professionnel des candidats, et non d'épreuves théoriques qui n'ont pas de rapport avec la fonction à exercer. Le passage d'un corps à un autre serait une source d'enrichissement professionnel. Cela permettrait à des fonctionnaires d'expérience de garder l'œil neuf qui garantit une meilleure créativité.

Préparer sa retraite pour la réussir

Après, vient le temps de la retraite. Lui aussi doit se préparer, se choisir et non se subir. Comme on organise des bilans de compétence pour les salariés en recherche d'emploi, ne devrions-nous pas organiser, l'année précédant les départs en retraite, un programme d'orientation qui permettra à chaque Français de connaître les possibilités d'engagement bénévole, de vie associative ou de cumul emploi-retraite qui lui seront offertes dans sa région ? Pourquoi ne pas créer des « missions locales d'orientation retraites » qui centraliseraient ces informations ?

On peut aussi envisager de mettre en place des conditions juridiques et fiscales favorables au développement de missions en entreprise pour les retraités, par le biais d'associations bénévoles. La formation continue pourrait en bénéficier (parrainage professionnel, conseil...). Certains « retraités formateurs » pourraient aussi s'impliquer dans l'accompagnement des jeunes chefs d'entreprise. Cent cinquante mille petites et moyennes entreprises devront en effet trouver repreneur dans les dix années à venir... Les *« business angels »* jouent un rôle crucial dans les économies anglo-saxonnes, alors que la pratique est encore peu répandue dans notre pays. Dans les Yvelines, un réseau d'anciens cadres dirigeants s'est structuré en lien avec la chambre de commerce et d'industrie, pour parrainer de jeunes créateurs, et le dispositif fonctionne à la satisfaction de tous.

La retraite, c'est aussi le temps de la transmission des savoirs. Nombreux sont les sexagénaires qui seraient heureux d'intervenir pour enseigner les rudiments de leur métier, dans des cursus professionnels et universitaires. Pourtant, le réflexe n'est pas toujours de faire appel à eux. Et ils devraient y trouver une juste rétribution. Ainsi, il devrait être possible, à l'université, de rémunérer des intervenants extérieurs ayant passé l'âge légal de la retraite de la fonction publique (soixante-cinq ans) – ce qui est interdit aujourd'hui –, car la richesse de leur expérience professionnelle peut apporter beaucoup à notre système d'enseignement, à une époque où recruter des enseignants de qualité risque de devenir de plus en plus difficile. Cette interdiction est d'autant plus paradoxale que l'âge légal de la retraite des professeurs d'université est, lui, de soixante-neuf ans s'ils ont élevé trois enfants. Il était de soixante-douze ans avant 1981... Pourquoi brider l'activité de ceux qui sont volontaires pour enseigner plus longtemps ? Combien de professeurs honoraires français enseignent-ils aujourd'hui dans des universités étrangères ?

D'une manière générale, je crois possible d'associer davantage les retraités volontaires dans la vie locale et dans l'exercice de missions de service public. Activités liées à la petite enfance, à l'éducation (surveillance, médiation, éveil, etc.), activités périscolaires (soutien personnalisé des élèves) et activités urbaines (présence dans les lieux publics, à la sortie des écoles, activités de guide, de gardiennage, etc.), secourisme, lutte contre les pollutions... Ces activités d'intérêt général pourraient se faire sous la forme d'un bénévolat mais aussi dans le cadre du cumul emploi-retraite.

Transmettre son patrimoine

Construire une France où règne l'harmonie entre les générations, cela suppose aussi d'évoquer la délicate question de la transmission du patrimoine. Aujourd'hui, les incertitudes liées à l'avenir empêchent les parents et les grands-parents de transmettre sereinement une partie de leur patrimoine à leurs descendants. L'éventualité d'un accident de la vie, maladie chronique ou dégénérative, les risques de dépendance ou de veuvage, entraînent des comportements d'épargne et de précaution. Trop sans doute. Notre taux d'épargne et particulièrement d'assurance vie français est toujours dénoncé comme excessif. Il faudrait envisager de créer en France ce qui existe dans d'autres pays, des « fondations familiales » partiellement défiscalisées, qui permettraient la transmission de biens immobiliers qui resteraient un certain temps indivis entre les membres de la famille, ou d'abriter des contrats d'assurance retraite ou d'assurance vie.

Il faut également se méfier des donations en nue-propriété, dans lesquelles les ascendants gardent l'usufruit, c'est-à-dire l'usage du bien. J'ai connu de nombreux conflits familiaux liés à ce type de transmission, les héritiers n'ayant pas la possibilité de vendre le bien avant le décès des usufruitiers. Comme je souhaite, dans tous les domaines de la vie en société, tout faire pour réduire les conflits, je pense qu'il serait bénéfique de favoriser les donations en pleine propriété, pour lesquelles les plafonds de défiscalisation pourraient être rehaussés. Elles seraient accompagnées de « rentes de sécurité » versées au donateur sous forme d'assurance vie et déduites du montant de la donation. Cela permettrait une meilleure autonomie des héritiers sans sacrifier la sécurité des ascendants.

L'idée, c'est évidemment, avec l'allongement de la durée de la vie, de permettre aux familles de bénéficier de transferts financiers anticipés au moment où elles ont les charges les plus importantes (pendant les études des enfants, notamment).

Une question est désormais au centre de la campagne présidentielle. Celle de la suppression des droits de succession. Faut-il que les biens d'une vie de travail puissent être transmis en franchise de droits à ses enfants et petits-enfants ? Au début de ma vie politique, j'étais très défavorable à un allègement de l'impôt sur les successions. Je craignais de transformer la France en un pays d'héritiers, plutôt que d'actifs. Je considérais que c'était accentuer les inégalités de départ entre nos compatriotes. Pour moi, c'était le travail qui devait être moins taxé, et non pas les successions – qui sont dues au hasard de la naissance et non au mérite et à l'effort !

Mais au contact, sur le terrain, de nombreux couples de retraités ayant travaillé dur toute leur vie et construit petit à petit un patrimoine, j'ai entendu leur requête : ils veulent assurer à leurs descendants un avenir un peu plus confortable, un peu plus sûr, grâce au labeur qu'ils ont fourni. C'est un vrai crève-cœur, pour beaucoup, de devoir vendre la « maison de famille » où les enfants ont grandi, à cause de l'augmentation phénoménale des prix de l'immobilier. Devant l'inquiétude des Français, en particulier des jeunes, face à l'avenir, je me suis ralliée à l'idée de supprimer l'impôt sur les successions, dès lors qu'elles ne dépasseraient pas un plafond raisonnable. Les grandes fortunes, elles, savent s'organiser pour payer le moins d'impôts possible. La charge fiscale repose d'abord dans notre pays sur les classes moyennes, ce qui n'est à l'évidence pas équitable.

Développer les solidarités familiales

Enfin, pour construire une France véritablement intergénérationnelle, nous devons travailler à développer les solidarités familiales. Parce que la famille, c'est d'abord ce qu'aucun système de protection sociale, qu'aucun accompagnement à domicile ne peut offrir : l'amour.

Le rôle des grands-parents ne cesse de s'accroître dans la vie des familles. Retraités, en pleine forme, disponibles, avec un pouvoir d'achat que les générations précédentes n'avaient pas, les grands-parents sont désormais au cœur des solidarités familiales. C'est vers eux que l'on se tourne en cas de besoin pour s'occuper des enfants. À eux d'emmener ou de recevoir chez eux les petits en vacances. À eux les démarches administratives, médicales ou de loisirs pendant le temps de travail. À eux un rôle éminent de transmission de l'histoire familiale, mais aussi des valeurs et des savoirs. Souvent les adolescents, contestant l'autorité de leurs parents, trouvent auprès de cette parentèle élargie les repères d'autorité et l'affection dont ils ont besoin. Je me rends compte fréquemment qu'en grande banlieue parisienne, le pire des handicaps pour les familles est de ne pas avoir de grands-parents à proximité…

Un professeur de l'université de Versailles-Saint-Quentin a ainsi eu la surprise, au début du mois de juillet, de voir errer dans les couloirs de nombreuses personnes d'un âge… certain, qui venaient s'enquérir auprès de lui des formalités à accomplir et des options à retenir pour de meilleurs débouchés professionnels, en vue d'une inscription universitaire. Ce n'était pourtant pas la leur, mais celle de leurs petits-enfants !

Mais le revers de la médaille existe aussi. Les conflits familiaux entre les parents et les grands-parents s'enveniment parfois. Et les grands-parents se sont désormais organisés pour voir affirmer leur droit à voir leurs petits-enfants, dans des associations très actives telles que SOS Grands-Parents. Aujourd'hui, il n'est plus rare de voir des grands-parents assigner leurs propres enfants en justice pour obtenir un droit de visite de leurs petits-enfants… C'est une situation très difficile à vivre, particulièrement pour les jeunes enfants eux-mêmes, pris en otages dans un conflit qui n'est pas le leur et qui les dépasse. Je crois que le devoir du législateur, face à ces situations, est de chercher à pacifier les relations, comme pour les conflits qui peuvent survenir entre les parents. La médiation familiale est encore balbutiante dans notre pays. Mais, bien faite, par des associations spécialisées et dont le personnel est bien formé, ça fonctionne !

Le rôle du médiateur familial est de désamorcer les conflits, d'aider les familles à renouer le dialogue, à retisser un lien. Ainsi à Versailles, deuxième ville judiciaire de France, j'ai pu voir travailler des associations de médiation remarquables d'humanité et de compétences. Franck Borotra, ancien président du conseil général et mon prédécesseur, les a soutenues dès l'origine. C'est à lui que nous devons l'exemplarité des Yvelines en la matière.

Je souhaite, et c'est une des propositions les plus audacieuses de la mission parlementaire sur la famille, que la médiation familiale soit rendue obligatoire lorsqu'il existe un conflit lié à la garde d'un enfant. Au lieu d'avoir systématiquement recours à un juge, dans le cadre d'un conflit, la loi imposerait de chercher d'abord des solutions négociées. Ce serait un changement d'approche radical des différends familiaux. C'est un objectif à moyen terme, compte tenu du coût financier et de la nécessité de disposer d'un personnel qualifié dans ce domaine. Mais l'évolution des mentalités a commencé. Des formations de médiateur se mettent en place. Reste que si, en cas de séparation, les couples pensent de plus en plus souvent à la médiation familiale, c'est une démarche beaucoup moins fréquente lors de conflits opposant parents et grands-parents. Pourtant, dans ce domaine aussi, la médiation se révélerait extrêmement utile. Nous devons travailler en ce sens.

Il serait cependant utopique de penser que la médiation réglera à elle seule tous les conflits. Malheureusement, mon expérience de juge et de députée m'a fait prendre conscience de la complexité des rapports humains et de la diversité des caractères. Saisir la justice est un droit de chaque citoyen, et le législateur ne peut le restreindre. Il y aura donc toujours des procès qui opposeront les membres des mêmes familles, des déchirements autour d'enfants, que nous aimerions tous leur épargner.

La loi est de ce point de vue mal faite : elle affirme le droit des enfants à entretenir des relations avec leurs grands-parents, mais elle permet de limiter ce droit en cas de « motif grave ». Cette expression me paraît mal choisie. Elle oblige en effet les parents qui sont en conflit ouvert avec leurs propres parents ou leurs beaux-parents à prouver le « motif grave ». Et cela conduit, je l'ai constaté moi-même à de nombreuses reprises, à bâtir des dossiers à charge, qui empoisonnent durablement la vie des familles.

C'est la même logique qui prévalait avant la réforme du divorce, à laquelle j'ai participé, lorsque les conjoints entamaient une procédure de divorce pour faute. On accumulait les griefs de part et d'autre. Ces lois qui contribuent à l'escalade de la violence dans les familles doivent être revues. Je crois que c'est « l'intérêt de l'enfant » qui doit guider la décision du juge. Nul doute que si le conflit est fort entre parents et grands-parents, l'existence même de ce conflit conduira le juge à une extrême prudence. Mais les parties au procès n'auront pas la douleur de devoir « monter » des dossiers les unes contre les autres. Il ne faut pas sacrifier l'autorité primordiale des parents aux droits des grands-parents, mais tenter de ramener, le plus possible, chacun à la sérénité. Il faut d'abord penser aux enfants...

Un problème du vieillissement : l'autonomie

Reste la face plus sombre de l'allongement de la vie, celle de la maladie et de la dépendance.

Les frontières du vieillissement ne cessent d'être repoussées par une bonne hygiène de vie et notre remarquable système de santé. Françoise Forette, directrice de la Fondation nationale de gérontologie, avec laquelle j'ai eu la chance de travailler, apporte beaucoup d'espoir sur ces sujets, particulièrement sur les traitements à venir des maladies dégénératives, de type Alzheimer. Aujourd'hui, dit-elle, on peut considérer en moyenne qu'on est « vieux » à partir de soixante-seize ans. Mais, dans les années qui viennent, cette limite devrait être repoussée bien au-delà de quatre-vingts ans !

Mais si de plus en plus d'octogénaires sont aujourd'hui en pleine possession de leurs moyens, le drame de la dépendance frappe malheureusement un nombre croissant de nos compatriotes. Et parfois, à un âge précoce.

Philippe, à cinquante-cinq ans, n'est pas encore à la retraite. Il a deux adolescents à la maison. Et une femme atteinte d'une maladie d'Alzheimer foudroyante. Sa détresse et son désarroi sont immenses. Il avait l'habitude de se décharger sur elle de bon nombre de tâches domestiques. Et le voilà devenu non seulement son principal soutien, mais aussi le responsable d'innombrables et complexes démarches pour s'occuper d'elle, tout en organisant la vie de la famille. La solitude de ceux qui accompagnent leurs proches malades, leur dévouement, l'amour qu'ils déploient sans cesse mais aussi leurs moments d'abattement, de découragement, de dépression, tout cela, le député le côtoie de plus en plus souvent. Qu'il s'agisse des affres du grand âge, de l'injustice du handicap ou de la maladie, le parlementaire devient un recours pour ouvrir des portes, sortir des impasses ou bousculer les files d'attente. Particulièrement si le député est une femme, car on attend sans doute d'elle encore plus.

Mais de mon côté, quel sentiment d'impuissance parfois… Ce sont les élus locaux qui ont les moyens financiers de mettre en œuvre des structures d'accueil adaptées, des réseaux de soins ou de solidarité. Les élus nationaux, comme moi, n'en ont pas la capacité. Nous avons en revanche une responsabilité majeure : préparer l'avenir et améliorer en permanence la qualité des services publics, pour qu'ils s'adaptent aux évolutions de la société française. Nous devons également bâtir un système qui « aide ceux qui aident », c'est-à-dire qui vienne au secours de ces proches, ces compagnons, ces enfants, ces parents qui ont le courage d'accompagner le malade parfois jusqu'au bout de la nuit… À ceux, épuisés, qui viennent me voir, il suffirait souvent de leur permettre de partir en vacances quelques semaines, de faire un « break » pour se ressourcer loin des soucis quotidiens.

Personne n'est protégé contre les aléas de la vie. La dépendance, le handicap peuvent surgir à n'importe quel moment de l'existence et nous toucher ou atteindre un de nos proches. Malheureusement, cela n'arrive pas qu'aux autres. Pour les personnes handicapées, malades ou dépendantes, rien n'est plus précieux que le peu d'autonomie qu'elles peuvent conserver, sauf évidemment l'affection qu'elles reçoivent de leur entourage familial, amical ou de voisinage.

Mais nombreux sont aujourd'hui ceux qui n'ont pas les moyens financiers nécessaires pour vivre une vie normale malgré l'âge, la maladie ou le handicap.

Garantir l'autonomie des Français, voici un nouveau défi social que nous devons relever aujourd'hui. Mais sommes-nous prêts à nous engager à prendre en charge collectivement ce besoin qui, avec le vieillissement de la population, va inéluctablement s'accroître ? Et quelles sources de financement allons-nous mobiliser ? Quelle humanité mettrons-nous aussi dans ces nouveaux lieux d'accueil de la fin de vie ?

La France compte aujourd'hui huit cent mille personnes âgées dépendantes, et leur nombre devrait augmenter de 30 % à 50 % au cours des vingt prochaines années, avec notamment des centaines de milliers de Français touchés par la maladie d'Alzheimer. Ces bouleversements démographiques commandent d'agir. Une réforme des tutelles et curatelles est en cours. Elle est urgente. Tout comme il est urgent d'adapter nos structures médicales et sanitaires à ces nouveaux défis. Mais soyons clairs, là encore. Il n'y a pas de véritable avancée sociale sans argent pour la payer. Avoir une idée généreuse ne suffit pas. Il faut refuser catégoriquement les réformes sociales sans financement. Assez des 35 heures ou de l'allocation personnalisée d'autonomie, dont les coûts pour le pays n'ont été ni anticipés, ni budgétés ! Le progrès social ne peut pas être acheté à crédit. Et surtout, la France ne peut pas continuer à s'endetter indéfiniment.

Logique comptable ? Non, responsabilité politique

Le diagnostic a été posé. Si nous continuons, nos enfants vont nous maudire… Nous risquons de provoquer une vraie « guerre entre les générations » ! Car les principaux bénéficiaires aujourd'hui – et plus encore demain – de nos régimes sociaux, vieillesse, maladie et désormais dépendance, sont les retraités. Les principaux contributeurs à ces différents piliers de la Sécurité sociale, ce sont les actifs, qui seront demain de moins en moins nombreux. C'est à l'âge où l'on a les plus lourdes charges familiales que l'on se voit prélever la part la plus importante de ses revenus pour financer la solidarité nationale. Nul doute que le pouvoir d'achat des Français diminue. Et que l'insatisfaction soit de plus en plus grande chez les trente-cinquante-cinq ans.

Si l'on ajoute à cela que chaque Français, dès sa naissance, est redevable envers l'État de plus de 17 000 euros de dette, on a la juste mesure du transfert de charges qui s'est opéré d'une génération à l'autre. La génération du baby-boom, née après guerre, aura eu la prospérité économique pendant sa vie active, et aura la générosité de politiques sociales largement déficitaires pendant sa retraite. N'y a-t-il pas là une injustice flagrante au profit des cohortes de populations les plus nombreuses et les plus actives politiquement de notre pays ?

Pourquoi devons-nous travailler d'arrache-pied à rétablir l'équilibre de nos comptes sociaux, et éviter d'accroître chaque année d'autant notre endettement ? Tout simplement pour retrouver des marges de manœuvre financière pour mener de nouvelles politiques prioritaires. Contrairement à ce qu'on reproche souvent aux responsables politiques de droite, ce n'est pas une « logique comptable » qui nous anime, mais une logique d'intérêt général : nous voulons améliorer le bien-être des Français.

Quel service public voulons-nous offrir ?

Je ne donnerai qu'un seul exemple, particulièrement parlant, et que je connais bien pour le vivre, à la fois dans la partie la plus rurale des Yvelines, mais aussi dans les départements de Corrèze et des Hautes-Alpes où j'ai mes attaches familiales. Le gouvernement Raffarin a été cloué au pilori par un certain nombre d'élus locaux – la fronde est partie de la Creuse, si je me souviens bien – pour la fermeture de quelques trésoreries en milieu rural. Nous « démantelions le service public ». Nous « refusions d'aménager le territoire » et « travaillions à la désertification des campagnes » ! De qui se moquait-on ? Le service public, c'est un service offert aux Français. Il doit répondre à leurs besoins. Et comme l'argent public n'est pas une manne sans limite, il faut l'utiliser à bon escient, que chaque euro employé soit utile.

Dans les zones rurales, partons des besoins des populations. Ils ont beaucoup évolué, notamment avec le vieillissement des habitants. Sait-on la difficulté qu'il y a à vivre dans un territoire éloigné d'une agglomération quand, l'âge venant, on ne peut plus conduire sa voiture ? L'organisation de navettes de transport collectif, le portage de repas à domicile, l'organisation de réseaux de soins et d'aide aux personnes âgées, le maintien d'écoles et de structures d'accueil des enfants, pour attirer en ces lieux les familles... Voilà les nouveaux services publics nécessaires en milieu rural. Ils seront beaucoup plus utiles que les trésoreries ! Quant aux « points Poste » dans les commerces ruraux, certes ils n'effectuent pas toujours l'intégralité des opérations bancaires du bureau de Poste qu'ils remplacent, mais ils permettent la survie de commerces dans des villages où ils ne sont parfois plus rentables. Je connais des villages où l'épicerie a fermé, et où ne reste qu'une Poste ouverte deux heures par jour. Est-ce vraiment un progrès en termes de qualité de vie ?

Qu'il s'agisse du fonctionnement des services publics ou des services sociaux, nous allons devoir faire des choix dans les années qui viennent. Ils seront compliqués et douloureux. Nous devrons poser des priorités. Savoir ce qui doit relever de la solidarité nationale, parce que c'est l'intérêt général et que les personnes concernées ne peuvent pas l'assumer seules, et savoir ce qui ne peut continuer à être financé par la collectivité.

Un statu quo impossible...

Sur ces questions, le statu quo n'est pas possible. Il accroît le fossé entre les générations. Car, ne nous y trompons pas, derrière la dépression qui frappe notre pays, il y a trois phénomènes : le chômage de masse, l'absence de perspectives pour notre jeunesse et, depuis quelques années, la stagnation du pouvoir d'achat des ménages. Ces réalités concrètes découlent des déficits de l'État et des régimes sociaux, qui pèsent sur l'efficacité et la santé de notre économie.

Qu'on regarde ailleurs en Europe, les pays qui ont retrouvé le chemin de la prospérité et du plein emploi. Ils ont commencé par mieux gérer l'argent des contribuables et s'assurer qu'il était bien dépensé.

... en matière de retraites...

Dès 2008, date à laquelle le Conseil d'orientation des retraites se réunira pour faire le bilan de la réforme Fillon et envisager les perspectives d'une nouvelle étape, une nouvelle phase de réforme des retraites s'ouvrira.

Le gouvernement Raffarin a eu le courage de prendre le débat à bras-le-corps et de faire une première réforme qui permet de couvrir un tiers des besoins de financement des régimes de retraite d'ici 2020. Mais, si nous voulons que le régime de retraite par répartition survive, il faudra trouver les financements complémentaires. L'allongement de la vie ne laisse pas beaucoup d'autres choix que ceux d'un allongement progressif de la durée du travail et d'une généralisation de l'épargne de précaution, comme il en existe déjà dans la fonction publique avec, par exemple, la « Préfon » (Prévoyance fonctionnaires), dont les versements sont déductibles des revenus. Sans doute devrons-nous trouver également de nouvelles sources de financement, car l'augmentation de la durée du travail a ses limites.

Mais en tout état de cause, il faudra veiller à ce que l'effort soit également réparti entre toutes les catégories de Français, en tenant compte de la pénibilité des métiers. Si la réforme de 2008 est vécue comme injuste, elle n'aura aucune chance de réussir.

… comme en matière de santé

S'agissant de l'assurance maladie, si nous voulons conserver le « modèle français » que l'Organisation mondiale de la santé a classé parmi les premiers du monde, et qui permet aux Français d'avoir accès, rapidement, aux nouveaux traitements, quel que soit leur coût, il faudra organiser, pour nos concitoyens les moins fragiles, une prise en charge individuelle d'une partie des soins, et sans doute opter pour une franchise annuelle « santé », modulable en fonction des revenus. Elle ne s'appliquerait bien sûr ni aux enfants, ni aux Français les plus défavorisés.

Ne nous leurrons pas. À l'avenir, les dépenses de santé ne vont faire qu'augmenter. Dans un pays prospère, où la santé devient l'un des biens les plus précieux, il est nécessaire de prendre des mesures qui permettent de satisfaire la demande de soins, sans pour autant creuser des déficits abyssaux ni détériorer la qualité de notre médecine. Car aujourd'hui, nous nous trouvons dans la situation paradoxale où la dépense de santé est régulée par l'offre : il n'y a pas assez de médecins, des files d'attente très longues chez certains spécialistes, de véritables déserts médicaux sur certains territoires… Ce n'est pas une manière responsable de gérer notre système de santé.

Nous ne voulons pas une aggravation de l'évolution actuelle où, si l'on est riche, on est bien soigné, si l'on est très pauvre, on bénéficie de la couverture maladie universelle (CMU), mais où les classes moyennes ont un accès de plus en plus difficile au système de soins. Cela nous impose de continuer dans la voie du rétablissement de l'équilibre de l'assurance maladie, dans laquelle nous nous sommes courageusement engagés.

Plus de social, cela suppose des moyens nouveaux

J'ai parlé d'argent. C'est mal. Quand un responsable politique s'intéresse aux questions sociales, on dirait qu'il s'ingénie toujours à nier la réalité. Il parle de générosité, de fraternité, de grands principes, il parle avec son cœur, jamais avec sa tête. Or tout a un coût.

L'opposition, surtout si elle est de gauche, en rajoute souvent. J'ai ainsi vécu assez douloureusement la réforme des retraites. Nous avons mis en œuvre une réforme nécessaire, souhaitable, et surtout conforme aux pistes esquissées – mais jamais concrétisées – par Lionel Jospin en 1998. La gauche s'est complu dans un jeu de rôles irresponsable, nous accusant de vouloir la mort d'un système qu'elle savait bien que nous essayions au contraire de sauver... C'est tellement démagogique de ne dire, en politique, que ce que les citoyens ont envie d'entendre !

Pourquoi nombre de responsables de gauche n'avouent-ils qu'en privé leurs convictions réformistes ? Parce qu'ils croient que la démocratie ne doit plus désormais fonctionner qu'à l'émotion et à la compassion ? Parce qu'il faut plaire plutôt que convaincre ? Parce que la voix de la raison, qu'elle soit incarnée par Michel Rocard ou Alain Juppé, s'est souvent heurtée à l'impopularité ou à des mouvements sociaux ?

Je crois que ce sera l'honneur de l'UMP, en 2007, de ne pas cacher la vérité aux Français. Si nous voulons ouvrir de nouveaux droits, poursuivre de nouvelles avancées sociales comme l'autonomie pour les personnes âgées et handicapées, donner de vraies perspectives d'emploi à notre jeunesse, revaloriser le pouvoir d'achat des salariés et garantir celui des retraités, cela supposera de faire des choix. Sur le moment, ils ne se traduiront pas par un bénéfice immédiat. Mais, d'ici à dix ans, ils assureront la prospérité du pays et la sauvegarde de nos systèmes de protection sociale.

Ainsi, j'ai soutenu l'initiative – très impopulaire – de supprimer un jour de congé pour financer les allocations d'autonomie des personnes âgées et handicapées. Et je l'assume. Plutôt que de créer encore une taxe qui se serait traduite par une perte de compétitivité de nos entreprises et aurait pesé sur l'emploi, je crois qu'il était souhaitable de créer des richesses nouvelles pour financer ces nouveaux droits sociaux. Mon seul regret dans cette histoire, c'est que l'on n'ait pas demandé leur avis aux Français. Après avoir mené le travail de pédagogie nécessaire. Je sais que la majorité de nos concitoyens aurait accepté de donner sept heures de travail dans l'année pour les personnes âgées dépendantes et handicapées. L'attachement à leurs droits sociaux n'empêche pas les Français d'être aussi profondément généreux.

Nos concitoyens sont d'ailleurs schizophrènes sur ces questions. Car les parents et les grands-parents sont toujours les premiers à s'inquiéter de l'avenir de leurs enfants. Sans prendre garde que ce sont parfois eux qui, en défendant bec et ongles un certain nombre d'« avantages acquis », peuvent être à l'origine des difficultés de leurs descendants !

Alors, j'y reviens : définissons les contours d'un vrai « pacte national entre les générations », qui soit équitable et qui garantisse à chacun une amélioration de ses conditions d'existence. La chaîne des générations doit se traduire par une chaîne de solidarités. Il n'y a plus à attendre. D'autant que d'autres lignes de fracture divisent la société française : celles-là ne sont pas générationnelles, elles touchent à l'identité d'une nation qui a subi de profondes mutations.

13

À la recherche de notre identité perdue

Au détour d'une conversation avec le garde des Sceaux, Pascal Clément, j'apprends qu'en France un mariage sur quatre serait, selon les statistiques du ministère de la Justice, un mariage mixte, c'est-à-dire un mariage dont un au moins des conjoints est étranger. C'est un chiffre énorme, même si la France s'est construite sur des vagues d'immigration successives[1]. Les enfants de ces couples auront tous une double nationalité. Et l'on peut ajouter à ces chiffres les enfants nés sur le sol français de parents étrangers, qui grandiront dans notre pays, ainsi que tous les étrangers qui seront un jour naturalisés.

Face à cette mixité croissante, à ce métissage d'une ampleur inédite, des questions cruciales surgissent. Qui sommes-nous ? Quelles sont les composantes profondes de notre identité ? Qu'est-ce qu'être Français aujourd'hui ? Ne sommes-nous pas d'abord membres de telle ou telle communauté vivant dans un même pays ? Existe-t-il des valeurs qui nous rassemblent ? Le sentiment européen est-il mort avec le non au référendum de mai 2005 ? Sommes-nous des

1. En 1994, les mariages mixtes ne représentaient que 13 % des unions en France (Source : Insee).

citoyens du monde, ou bien les habitants du premier pays altermondialiste ?

À toutes ces questions, nous devrons apporter des réponses convaincantes dans les toutes prochaines années. Au risque, dans le cas contraire, de vivre une grave crise d'identité nationale qui viendrait menacer la cohésion de notre pays.

Halte à l'autoflagellation !

Pour l'instant, le débat semble tabou. Les politiques continuent d'invoquer les mânes d'une France éternelle et inchangée, sans que personne n'ose vraiment analyser et comprendre ses récentes mutations. Certains cependant, parfois les mêmes, en appellent au réalisme ou à la protection des minorités pour installer dans des statuts à part certaines composantes de la nation.

J'ai depuis longtemps choisi mon camp : je serai parmi les républicains. Ceux qui ne voient dans le peuple français qu'une même communauté nationale qui a choisi de vivre ensemble, et pas une juxtaposition de communautés qui font le choix de vivre en bonne intelligence.

Si l'identité de chacun est composée des particularités de sa naissance et de ses origines, il est de notre devoir de responsables politiques de conforter le sentiment d'appartenance nationale et, pourquoi pas, de réhabiliter cette valeur tant dénigrée, tant passée de mode, qu'est le patriotisme. Je crois que parmi les devoirs des hommes politiques, il y a celui, méconnu, de faire aimer la France aux Français de tous âges et de toutes origines.

C'est pourquoi je me sens avant tout gaulliste. À cause de cette « certaine idée de la France » que le général de Gaulle a su cultiver. Cette France qui n'est vraiment elle-même qu'au premier rang. Cette France qui résiste même si le pouvoir a pactisé avec l'ennemi. Cette France qui associe le capital et le travail dans la participation. Cette France à la fois éternelle et en mouvement. Qui parle haut et fort sur la scène internationale. Aujourd'hui, la figure du général de Gaulle est apparemment consensuelle. Mais paradoxalement, nous ne sommes plus très fiers de la France.

Comme nous l'a dit avec beaucoup de justesse le président de la Commission européenne, José Manuel Barroso, lorsqu'il est venu s'exprimer, dans son français impeccable, devant l'Assemblée nationale le 24 janvier 2006, la France semble désormais frappée du syndrome du « malade imaginaire », le syndrome de la dépression collective ou plutôt, de la dépréciation collective.

Beaucoup d'internautes m'ont fait part de leur indignation, sur mon blog, devant l'absence de commémoration officielle du bicentenaire de la victoire d'Austerlitz. La France a en effet donné le sentiment de faire profil très bas. Cette réticence à commémorer la plus grande victoire de notre histoire militaire contrastait avec le faste déployé par le gouvernement britannique pour célébrer la victoire de Trafalgar, la France ayant à cette occasion dépêché le porte-avions *Charles-de-Gaulle* pour saluer la mémoire de l'amiral Nelson... Légitimement, les internautes m'interrogeaient : comment se porte un pays qui ne tire plus aucune fierté de ses plus grandes victoires ? Est-ce une marque de bonne santé ou le signe d'un profond malaise ?

Il n'est pas question pour moi de faire le panégyrique de Napoléon Ier. Ni de nier ses errements. Mais il accomplit de grandes choses et il eut, dans le domaine militaire, ce qu'il faut bien appeler du génie.

Les académies militaires du monde entier ne s'y trompent pas, qui continuent d'enseigner les tactiques napoléoniennes. Et si nous n'avons pas à partager, fort heureusement, certaines conceptions politiques pour le moins autoritaires du fondateur du Premier Empire, rien ne nous interdit de nous montrer fiers des soldats d'Austerlitz ou de Marengo !

Cette incapacité qui semble désormais la nôtre, à être tout simplement fiers d'être Français, me choque beaucoup. Tout comme m'avaient beaucoup choquée les sifflets du public pendant la *Marseillaise* lors du match de football France-Algérie au Stade de France, le 6 octobre 2001. Quel contraste avec la ferveur des Américains de toutes origines chantant, la main sur le cœur, le *Star Spangled Banner*, l'hymne national, au lendemain des attentats du 11 septembre 2001 !

Nous souffrons, c'est très net, d'un déficit de sentiment national, d'amour de notre pays. Pourtant l'histoire de France, si elle a connu des heures sombres, est riche aussi de motifs de fierté, d'actes exemplaires d'humanité. Pourquoi cet éternel sentiment de culpabilité, cette incapacité à nous réconcilier avec ceux d'entre nous que l'histoire a blessés ? Ainsi du psychodrame que nous avons vécu au Parlement l'an dernier, à propos de la colonisation. Un projet de loi était à l'étude, destiné à rendre enfin justice aux harkis et à tous ceux envers qui, dans nos anciennes colonies, la France est redevable. Le débat s'est transformé, à cause d'un amendement sur la nécessité d'enseigner aussi à l'école les aspects positifs de la colonisation, en un procès à charge et à décharge de la colonisation française et, ce qui était encore plus éloigné de l'objet de la loi, en un nouveau procès de l'esclavage et du commerce triangulaire !

On dira sans doute, comme l'ont fait de nombreux intellectuels et historiens, qu'il faut arrêter les « lois mémorielles » et que l'Histoire ne s'écrit pas dans un texte de loi. Je partage cette analyse. Le rôle du Parlement n'est pas de réécrire l'Histoire, mais de la faire en votant les lois les meilleures pour le temps présent. Toutefois, il n'est pas complètement illégitime que les représentants du peuple portent un jugement politique sur telle ou telle période historique, pour lui conférer une valeur exemplaire ou au contraire la condamner. Le sujet est complexe et ses enjeux subtils. Il s'accommode mal de certitudes tranchées et inébranlables.

En revanche, ce dont je suis sûre, c'est que la France a montré à cette occasion qu'elle était composée d'une kyrielle de mémoires blessées. Certaines plaies, loin de s'être refermées avec le temps, restent béantes et douloureuses. Je pense en particulier à la question de l'esclavage. Et pourtant, quand on a moins de quarante ans en 2007, on aimerait pouvoir dire sans soulever l'indignation : c'est si loin tout ça ! Si l'on ne doit pas oublier ce qui fut incontestablement un crime contre l'humanité, donc par nature imprescriptible, le temps n'est-il pas venu de se réconcilier, sans oubli mais sans haines ? Il est vrai que certains responsables politiques ne manquent pas de jeter de l'huile sur le feu à la première occasion : souvenez-vous de l'incroyable sortie de Lionel Jospin à l'Assemblée nationale, en janvier 1998, à propos de la droite anti-dreyfusarde et esclavagiste !

Mais si nous ne nous réconcilions pas les uns avec les autres, si nous ne décidons pas de construire ensemble un avenir commun, au lieu de réécrire en permanence le passé pour le rendre plus acceptable, nous n'aurons jamais l'énergie suffisante pour entreprendre les grandes réformes nécessaires à notre pays.

Un avenir commun, cela suppose que nous soyons tous fiers d'être Français. Que cette nationalité ne soit pas, pour certaines et pour certains, un poids ou pis encore, une honte.

J'ai rencontré récemment un couple vietnamien de Voisins-le-Bretonneux qui, après quarante ans de vie en France, venait de décider de prendre la nationalité française. Je leur ai demandé pourquoi, après tout ce temps… Alors même que leurs enfants, français, étaient installés dans la vie et eux-mêmes parents. Ils m'ont répondu que c'était après avoir entendu le discours prononcé par Jacques Chirac sur le dialogue des cultures. Parce que, dans son discours, le président de la République avait su trouver les mots qui les avaient touchés, en refusant d'opposer et de hiérarchiser les civilisations. On ne pourrait sans doute pas rendre plus bel hommage à l'intelligence et l'humanité de ce discours.

Faire vivre le « rêve français »

Pour susciter un désir de France, il faut d'abord faire vivre le « rêve français ». On a l'impression que c'est désormais un mythe laissé à l'abandon. Que la France est devenue un pays de reproduction sociale, une société immobile.

Aujourd'hui, le niveau de diplôme obtenu par un enfant est fonction, dans la très grande majorité des cas, du niveau de diplôme de ses parents. Les seuls qui échappent à cette fatalité sont les enfants d'enseignants, parce que leurs parents sont les mieux formés, les mieux informés aussi, pour les aider à réussir leur parcours scolaire. Je connais bien ce cercle vertueux, je suis moi-même fille d'enseignant.

À cet ascenseur social en panne s'ajoute, pour les jeunes issus de l'immigration, la barrière de leur nom et de leur origine, qui sont autant de sources de discrimination. Le drame, c'est qu'aujourd'hui un enfant d'un collège de ZEP (zone d'éducation prioritaire) n'a quasiment aucune chance d'entrer à l'École polytechnique. Et les familles le savent.

Ainsi, le cas d'un jeune enfant surdoué, né en France, d'origine malienne. Issu d'une famille très nombreuse, il habitait un de ces quartiers que l'on nomme pudiquement « sensibles ». Sa barre HLM devait être démolie. Ses parents ont tenu bon et refusé les propositions de relogement, jusqu'à ce qu'ils se voient proposer un logement social à proximité d'un bon lycée.

Dès qu'une famille en a les moyens, son seul et unique souhait est de permettre à son enfant d'échapper à la fatalité d'une carte scolaire qui est objectivement devenue, dans nombre d'endroits, un facteur aggravant de ségrégation sociale.

J'ai commencé ma vie professionnelle dans la fonction publique comme chargée de mission au fonds d'action sociale pour l'insertion des travailleurs immigrés et de leur famille. C'est peu dire que cette expérience m'a marquée. C'était il y a dix-sept ans. Après les émeutes de Vaulx-en-Velin. Le Premier ministre d'alors s'appelait Michel Rocard et la politique d'intégration avait été décrétée priorité gouvernementale. On y croyait. C'était l'âge d'or des ZEP et de la politique de la Ville. On ne touchait pas à « son pote »... Les subventions et autres avantages pleuvaient sur les quartiers « en difficulté ». Puis disparaissaient, comme absorbés par le sable. Les associations s'exténuaient. Certaines se professionnalisaient. Certaines profitaient du système. D'autres étaient incapables de sortir de l'amateurisme. Puis l'engouement est passé.

On a perdu de vue le rôle majeur que l'État doit jouer en matière d'intégration. Un État qui s'est largement défaussé de ses missions régaliennes sur le monde associatif et sur les maires. Et si certains élus ont réussi à soulever des montagnes, la plupart n'ont pu que constater leur impuissance à « labourer la mer ». Le plus triste, c'est que le mot même d'intégration, galvaudé, est devenu le synonyme d'une forme de paternalisme étatique, désormais contesté.

La crise des banlieues de 2005 est le résultat de cet abandon.

Elle n'est pas la première de ce type, loin de là. Elle a été particulièrement violente, parce que la violence ne cesse de progresser dans la société française, comme dans l'ensemble des sociétés occidentales.

Elle a éclaté, paradoxalement, à un moment où était relancée, de manière forte et ample, une vraie politique de cohésion sociale et de lutte contre les discriminations… Une politique qui consacre des milliards d'euros à la rénovation urbaine, à l'insertion professionnelle des jeunes et au logement. Qui a vu la création d'une Haute autorité de lutte contre les discriminations (la Halde) et d'une grande Agence pour l'accueil des immigrants (l'Anaem).

Cette crise a montré que nous ne pouvons plus accepter la fatalité d'un chômage de masse qui interdit à nos jeunes de trouver leur place dans la société française. Elle valide la priorité absolue donnée à la bataille pour l'emploi par Dominique de Villepin, au lendemain de l'échec du référendum sur la Constitution européenne. Mais au-delà même de ce nouvel élan, il est indispensable de tout faire pour briser le plafond de verre qui empêche les jeunes issus de familles défavorisées, immigrées ou non, de suivre des parcours d'excellence. C'est seulement lorsque nous aurons rétabli le bon fonctionnement de l'ascenseur républicain, que nous recréerons une « envie de France » auprès de notre jeunesse. Il suffit de regarder autour de nous ce qui se passe en Espagne ou en Grande-Bretagne.

Je crois que nous devrons personnaliser nos réponses. Chaque enfant a un talent, un don, et la société doit l'encourager et l'aider à l'exprimer pleinement. Allons à la recherche des meilleurs élèves des ZEP dès l'école primaire ! Offrons-leur la possibilité d'échapper à la sectorisation. Permettons-leur de rejoindre les meilleurs collèges et les meilleurs lycées. Mettons en place des internats pour les accueillir et des bourses suffisantes pour les faire vivre mais aussi pour valoriser leur travail scolaire. Offrons-leur la meilleure qualité d'enseignement de l'école de la République. C'est ainsi que nous formerons une élite scolaire issue des « quartiers », une élite reconnue et récompensée dès l'adolescence pour ses efforts. Et ces jeunes seront des exemples pour leurs familles et pour tout leur environnement.

On m'objectera qu'une telle politique aura pour effet de priver les collèges de ZEP de leurs meilleurs éléments et d'en faire encore baisser le niveau. Mais d'abord, ce n'est pas le départ de trois ou quatre élèves qui change radicalement les résultats d'un établissement. Ensuite, un partenariat pourrait être lancé entre ces collèges et les meilleurs lycées du département. Du soutien scolaire pourrait être mis en place. Enfin, à l'issue du collège, une dérogation similaire pourrait être offerte aux élèves les plus méritants pour entrer dans le lycée de leur choix. Cela motiverait les collégiens et leur donnerait une vraie incitation à réussir.

On m'objectera encore, à l'inverse, que le privilège de la dérogation à la carte scolaire ouverte aux établissements de ZEP serait injuste, car discriminatoire vis-à-vis des élèves des autres écoles. Certes. Mais les parents qui en ont les moyens financiers ont toujours la possibilité, s'ils souhaitent échapper à la carte scolaire, d'inscrire leurs enfants dans le secteur privé ou de prendre une fausse adresse. Un tiers d'entre eux le font déjà. Est-ce là notre conception de l'égalité ? Et si cette politique de valorisation des meilleurs éléments des ZEP conduit certains parents des classes moyennes à inscrire leur enfant dans l'école de secteur, alors même que celle-ci est en ZEP, tant mieux. L'objectif d'encourager une plus grande mixité sociale dans ces établissements serait atteint.

Cette proposition n'est qu'une parmi tant d'autres. Elle peut apparaître minimaliste, à un moment où Nicolas Sarkozy propose la suppression pure et simple de la carte scolaire. Mais il y a là une question politique fondamentale. Acceptons-nous de repérer et d'encourager le talent, l'effort et le mérite, dans toutes les strates de la société, dans tous les domaines de compétences ? On dira sans doute que c'est de l'élitisme. Oui, mais un élitisme républicain, inspiré du fonctionnement de l'école de la IIIe République. Et puis cessons d'être hypocrites ! Si Zinedine Zidane a joué en équipe de France, ce n'est pas parce qu'il est issu de l'immigration, ni parce qu'il a bénéficié d'une politique de discrimination positive, c'est parce qu'il était le meilleur. Et qu'il a été repéré, sélectionné et formé pour l'être dès son plus jeune âge ! Pourquoi acceptons-nous pour les sportifs ce que nous refusons aux bons élèves ?

Je crois profondément que la France de demain doit mettre au cœur de son projet la promotion sociale, et aider les enfants, d'où qu'ils viennent, à briser le plafond de verre qui les empêche de réussir dans la vie. Pas par une politique arithmétique de quotas, mais par une politique de ressources humaines : en recherchant et en promouvant ceux qui méritent plus de l'être, par leur talent, par leur travail, dans tous les domaines. C'est ainsi que la France deviendra, sans même s'en rendre compte, harmonieusement mixte. C'est ainsi que l'on ressuscitera le rêve français chez nos compatriotes, d'où qu'ils viennent.

Et l'Europe, dans tout ça ?

La France a tant de problèmes à régler avec elle-même... Est-elle encore en mesure de se tourner vers un horizon plus vaste, fait de cultures et de traditions différentes, vers une Europe élargie à des pays que nous connaissons mal et qui affiche ouvertement une couleur libérale ? Nous qui avons déjà tant de difficultés à nous dire français, à en être fiers, sommes-nous encore européens ?

Je suis peut-être un peu provocatrice. Mais l'expérience de la campagne du référendum européen, que j'ai vécue comme porte-parole de l'UMP aux côtés de Nicolas Sarkozy, m'a laissé un goût amer.

Depuis l'adolescence, je me suis toujours sentie européenne. Étudiante, j'ai rejoint un mouvement de jeunesse européen, qui se donnait le double objectif de mieux faire connaître le fonctionnement de l'Europe et de renforcer la présence française à Bruxelles et dans tous les lieux de pouvoir de l'Union européenne.

Nous en sommes loin aujourd'hui. Ce qui m'a particulièrement frappée, comme beaucoup, en 2005, ce fut la réaction de la jeunesse française vis-à-vis de l'Europe. Pas d'enthousiasme pour ce projet en construction, pas de sentiment d'appartenance à un continent plus vaste, pas de sentiments tout court... Et pourtant. Je reste persuadée que, face à l'hégémonie américaine, face à la montée de nouvelles puissances comme la Chine et l'Inde, à l'émergence de nouveaux risques mondiaux, comme le terrorisme ou les grandes pandémies, la France ne peut réussir seule. Nous avons besoin d'alliés sûrs et proches de nous. L'Europe seule peut assurer notre prospérité et notre protection futures.

Pourquoi la France, jadis moteur de cette Union, se retrouve-t-elle murée dans un splendide isolement ? Les jeunes devraient faire preuve d'une plus grande ouverture sur le monde que leurs aînés. Moins prisonniers des conflits d'antan, moins arc-boutés sur des différences culturelles qui s'estompent d'une génération à l'autre, les jeunes ont toujours été aux avant-postes de la construction européenne. Je ne suis pas sûre que ce soit encore le cas aujourd'hui. Le débat télévisé entre Jacques Chirac et les jeunes, pendant la campagne du référendum, nous a fait toucher du doigt une terrible réalité, que les députés de terrain ressentaient déjà : une bonne partie de la jeunesse française ne se sent pas à l'aise dans le monde ouvert qui est le nôtre.

Le marché unique et la libre circulation des travailleurs constituent pourtant une formidable chance. Pourquoi notre jeunesse ne parvient-elle pas à en tirer parti ? Sans doute parce qu'elle ne dispose pas des atouts suffisants pour jouer la carte européenne. Parce qu'elle n'a jamais correctement appris les langues étrangères. Parce qu'elle n'a jamais vraiment séjourné à l'étranger. Parce qu'elle ne peut donc ni comprendre ses voisins, ni communiquer avec eux. Parce que les différences culturelles et l'éloignement géographique lui paraissent encore insurmontables.

Quand je vois que, pour de jeunes banlieusards, aller à Paris relève du périple à n'entreprendre que pour de grandes occasions, je me dis que les Français sont encore prisonniers de « frontières mentales », alors même que les frontières de l'Europe sont totalement ouvertes aujourd'hui !

Favoriser les échanges universitaires en Europe

C'est pourquoi je milite pour que, dans le cadre de l'harmonisation européenne des diplômes, des échanges universitaires de longue durée soient imposés, à travers des réseaux européens d'universités. Il me semble qu'aucun étudiant français ne devrait se voir délivrer une licence – c'est-à-dire un diplôme validant trois années d'études supérieures ! – sans avoir passé au moins un trimestre en stage ou en formation à l'étranger. Au niveau du master (bac + 5), cette durée serait portée à six mois.

L'identité européenne d'un peuple ne se construit pas sans une vraie dimension affective. Or, depuis des années, nous avons gommé cet aspect des choses. Au pouvoir, les Européens de raison que furent François Mitterrand et Jacques Chirac n'ont sans doute pas su trouver les mots pour faire aimer l'Europe comme ils ont su trouver les mots pour parler de la France. À dire vrai, ils en ont trop souvent fait le bouc émissaire de toutes les réformes impopulaires !

L'Europe ne redémarrera pas si elle ne fait pas l'objet d'une vraie demande des peuples qui la composent. Cette demande peut venir de grandes crises internationales, terrorisme ou guerre, mais elle prendrait alors la forme d'un simple réflexe de survie. Et s'il n'y a pas de crise ? Pouvons-nous accepter que l'idée européenne soit en berne, sans tout faire pour la relever ?

Six mois passés dans un autre pays d'Europe, six mois d'ouverture sur une autre culture, à l'âge dont on garde toute sa vie l'heureux souvenir, cela me paraît la meilleure manière de faire des jeunes Français de futurs Européens. Le succès populaire rencontré par le film de Cédric Klapisch, *L'Auberge espagnole*, qui raconte la vie d'étudiants des programmes d'échanges Erasmus, ne viendra pas contredire mon propos. Mais il n'y a guère plus de vingt mille étudiants Erasmus aujourd'hui. C'est bien peu au regard des bénéfices que l'on peut attendre de tels échanges. Il faut les multiplier.

S'impliquer davantage

Au-delà des réformes institutionnelles, de la redéfinition des missions de l'Europe, de ses frontières ou de ses moyens financiers, c'est vraiment l'envie de vivre ensemble dans le cadre européen que nous devons ranimer. Je crains que cela ne nous prenne une dizaine d'années et n'implique une volonté politique au plus haut sommet de l'État.

J'assume d'être parmi la classe politique de mon pays l'une des plus ferventes partisanes de l'idée européenne. J'ai vraiment mis toute mon énergie dans la campagne du référendum de 2005, multipliant les réunions publiques et les déplacements en province. Ainsi, recevant à Chevreuse Claudie Haigneré, alors ministre des Affaires européennes, je me suis enflammée, devant une salle de quatre cents personnes, sur les conséquences néfastes du « non » et l'absence de « plan B », à la surprise de la ministre. Claudie Haigneré, toujours sereine et mesurée dans ses propos, ne me reconnaissait plus dans cette harangueuse de salle, prête à tout donner pour convaincre. Elle me fit sur le moment un commentaire approbateur. Mais quelques jours plus tard, dans un entretien accordé à un hebdomadaire, elle déclarait : « Je ne suis pas une Calamity Jane de la politique. » Je me suis toujours demandé si elle ne pensait pas alors à notre réunion commune. Et si ce n'était pas moi, la Calamity Jane dont elle parlait.

Mais peut-on, quand on est une femme en politique, défendre ce que l'on croit contre les mensonges, la démagogie, l'hostilité et la brutalité de certains, sans se muer parfois en Calamity Jane ? Certainement pas. Il faut savoir se faire respecter. Ce surnom, je le revendique, surtout s'il évoque une conviction européenne.

Je reste persuadée que la France n'a pas d'avenir sans l'Europe, tout comme l'Europe ne pourra pas se faire sans la France. C'est pourquoi les Français doivent ainsi s'impliquer bien davantage dans le fonctionnement des institutions européennes. On ne peut se satisfaire de la façon dont les partis politiques choisissent aujourd'hui leurs candidats au Parlement européen. Au lieu de faire comme nos partenaires, c'est-à-dire d'envoyer à Bruxelles de « jeunes talents » qui auront vocation à s'engager en politique nationale après un apprentissage européen bénéfique, nous missionnons encore trop souvent des élus « par défaut », qui n'ont pas trouvé – ou ont perdu – leur place dans le paysage politique national… Et qui ne sont pas très assidus dans une assemblée qui ne les intéresse guère.

Heureusement, il y a quelques exceptions à cette règle, qui portent sur eux, du coup, une double charge de travail à Strasbourg ! Mais nous devons, à l'avenir, définir de vraies stratégies politiques européennes pour que nos parlementaires nationaux travaillent main dans la main avec leurs homologues européens. Nos universités et grandes écoles devraient aussi former davantage d'étudiants pour les concours de la fonction publique européenne, et faire en sorte qu'ils gardent des liens étroits avec l'administration française, comme c'est le cas chez certains de nos voisins.

Bref, nous devons résolument accroître notre présence à Bruxelles pour que l'Europe soit un peu plus influencée par des personnalités françaises. Ce serait aussi un symbole pour nos concitoyens, qui voient l'Europe si éloignée de notre culture et de nos principes de gouvernement.

C'est par une volonté politique forte que nous ferons des citoyens de notre pays des Français fiers de l'être, et des Européens convaincus. Ce ne sera ni facile ni accessoire. Car, dans un monde devenu multipolaire, un pays en crise d'identité n'est pas le mieux loti pour défendre ses intérêts et faire face à l'avenir.

Cette mobilisation des Français, j'aimerais aussi la porter vers un autre horizon : celui de notre relation à la planète sur laquelle nous vivons tous. La société dynamique que nous voulons construire devra aussi assurer sa pérennité. Et pour cela, elle ne pourra pas ignorer les impératifs du développement durable.

14

Nous sommes tous verts !

Hiver 2003, 55 rue La Boétie. J'organise, en tant que secrétaire générale adjointe aux études de l'UMP, une conférence sur l'avenir de notre planète autour d'Hubert Reeves, le célèbre astrophysicien. Ses conclusions nous glacent. Les conséquences de l'effet de serre et de la surexploitation des ressources de la planète risquent d'être dramatiques en terme de réchauffement climatique, et de provoquer des bouleversements auxquels nous ne sommes absolument pas prêts à faire face. Il évoque même la possible disparition, à terme, de l'espèce humaine.

Septembre 2006, à Marseille. Diffusion en avant-première aux universités des Jeunes populaires d'*Une vérité qui dérange*, le film d'Al Gore, candidat démocrate à la présidence des États-Unis battu par George W. Bush en 2000. Même constat, étayé par des chiffres, conforté par les images chocs de la banquise qui fond et de la sécheresse qui progresse.

Comment je suis devenue écologiste

On dit que les partis politiques français ne se préoccupent pas d'écologie. Ce fut vrai, autrefois. Mais aujourd'hui, tous les responsables politiques sont concernés, ils ne peuvent plus fermer les yeux sur des réalités qui nécessitent de placer l'environnement au cœur de toutes les décisions politiques. La vérité, c'est que petit à petit, nous devenons tous « verts » ! Il fallait entendre Nicolas Sarkozy, à Marseille, plaider avec fougue pour une « société de modération », ou Dominique de Villepin lancer, à la Cité des Sciences de la Villette, son pacte national pour l'environnement !

Et ce n'est pas mon expérience de terrain qui me conduira à minimiser l'importance du développement durable en tant que sujet politique : « Faut-il encore construire des autoroutes en Île-de-France ? Comment contrôler le développement des cultures d'OGM en plein champ ? Les épidémies hivernales de bronchiolite sont-elles dues à la pollution atmosphérique ? Les antennes relais de téléphone mobile sont-elles dangereuses pour la santé ? Comment préserver la biodiversité face aux développements urbains ? Le nucléaire peut-il avoir des avantages ? Pourra-t-on un jour légiférer contre le bruit ? Reste-t-il encore de l'amiante dans certains locaux professionnels ou universitaires ? Pourquoi les produits bio sont-ils hors de prix dans les grandes surfaces ? » Toutes ces questions m'ont été posées de manière récurrente depuis le début de mon mandat, en 2002. Sans que je puisse toujours y apporter des réponses certaines. Elles m'ont prouvé que la qualité de l'environnement est devenue une préoccupation primordiale de nos concitoyens.

Vivre ensemble, c'est aussi se soucier de nos conditions de vie, de notre santé, de la préservation de la planète.

La défiance des Français

Je me souviens d'une intervention sur le développement durable devant les étudiants de l'université de Versailles-Saint-Quentin, à Guyancourt, et de leur inquiétude lancinante à propos des OGM. Moi qui ai toujours fait confiance aux pouvoirs publics pour encadrer le progrès au bénéfice de tous, j'ai été frappée ce jour-là par leur défiance à l'égard de la recherche fondamentale, notamment en matière alimentaire. La crise de la vache folle était passée par là. Et l'amiante. Et le sang contaminé.

Notre jeunesse sait bien désormais que des intérêts économiques et la pression de la demande dans une société d'hyper-consommation peuvent pousser les responsables politiques et administratifs à prendre de mauvaises décisions. Parfois, avec les meilleures intentions du monde, il nous arrive de jouer aux apprentis sorciers avec la santé de nos concitoyens ou celle de la planète.

Juge au Conseil d'État, j'ai été confrontée de manière brutale à la réalité des drames humains vécus par les familles de transfusés du sang contaminé. Nous avons dû construire de nouveaux raisonnements juridiques pour déterminer la part de responsabilité d'organismes publics diffusant des produits empoisonnés. Ce n'était que justice. J'ai également été saisie, à l'époque, de la légalité de grands travaux d'infrastructures et d'équipement : autoroutes, ponts, sites industriels particulièrement dangereux ou polluants. Progressivement, j'ai vu le regard des juges, et le mien, évoluer.

Là encore, la prééminence des impératifs invoqués par la « puissance publique », c'est-à-dire par l'État, s'est peu à peu effacée au profit de la sauvegarde d'autres intérêts, désormais primordiaux : la biodiversité, la qualité de certains paysages ou patrimoines remarquables, la préservation ou l'amélioration des conditions de vie des habitants. Si, dans les années 1970-1980, les autoroutes étaient toutes considérées bénéfiques pour les territoires – de même les lignes de chemin de fer ou les lignes à haute tension –, la situation n'est plus la même aujourd'hui.

Le dogme de l'infaillibilité des administrations, Industrie, Équipement, Agriculture, est à présent ouvertement contesté. L'opacité qui entourait autrefois les prises de décision de l'État, les arguments d'autorité utilisés pour justifier des choix pas toujours les meilleurs possible, ne sont plus acceptables ni acceptés.

L'urgence d'une révolution

Dans ce contexte de défiance généralisée vis-à-vis du pouvoir, la protection de l'environnement – et son corollaire, le développement durable – doit devenir un critère cardinal de toute prise de décision publique. C'est une révolution qu'il faut opérer dans nos méthodes de travail et d'action, qu'il s'agisse de voter la loi, de lancer une nouvelle politique ou de construire de nouveaux équipements pour le pays. Une révolution d'autant plus urgente que la crédibilité de l'État et de ceux qui le dirigent est désormais en jeu.

Déjà, lorsque j'étais conseillère à l'Élysée, en charge des études et de la prospective, j'avais été de ceux qui encouragèrent le Président à s'exprimer sur ces sujets, avec le regard qui est le sien depuis toujours, celui du promoteur inlassable du protocole de Kyoto[1], celui d'un homme d'État intimement préoccupé de l'avenir de la planète.

1. Le protocole de Kyoto impose aux États signataires de réduire leurs émissions de gaz à effet de serre de 25 % d'ici 2020.

« La maison brûle et nous regardons ailleurs » : le discours prononcé par Jacques Chirac à Johannesburg en 2002 a lancé au monde un appel vibrant et clair. L'écologie doit être pour chaque responsable politique, dans chaque pays et à chaque niveau de responsabilité, un impératif catégorique.

Certains accusent aujourd'hui le président de la République d'avoir su trouver les mots, mais de ne pas les avoir traduits en actes. C'est faux. Le reproche qu'on peut faire à Jacques Chirac, c'est d'avoir été jadis l'héritier enthousiaste d'un pompidolisme fasciné par le progrès industriel, l'automobile, les autoroutes, l'aéronautique, le productivisme agricole... Ces années-là, c'est vrai, il a encouragé et promu des pratiques dont il a découvert ensuite les limites.

Mais peut-on sérieusement comparer les deux époques ? Il est toujours facile de refaire l'Histoire. Je me méfie beaucoup, pour ma part, de ces procès rétroactifs où, des années après, on réécrit le passé, en oubliant souvent à quel point les certitudes étaient, alors, inexistantes, et les connaissances bien moins avancées, y compris et même surtout pour les décideurs.

Jacques Chirac s'est engagé en 2002 de façon décisive pour mettre la protection de l'environnement au cœur de nos choix collectifs. C'est lui qui a voulu la Charte de l'environnement, inscrite par les parlementaires dans la Constitution, c'est-à-dire dans la loi fondamentale de la République.

La Charte de l'environnement

Cette charte délivre plusieurs messages. Elle pose tout d'abord que l'intérêt général des populations passe dorénavant par l'amélioration de la qualité de la vie et le développement durable de nos territoires.

Dans notre contrat social, dans le pacte que nous passons avec les générations qui nous succéderont, la préservation de l'environnement est cruciale. Nous devons nous comporter en parents et grands-parents soucieux de l'avenir. La France et, au-delà, la planète, sont notre patrimoine commun. Comme l'a magnifiquement écrit Saint-Exupéry, « nous n'héritons pas de la terre de nos ancêtres, nous l'empruntons à nos enfants ». En tant qu'êtres humains, nous devons être respectueux de la vie sous toutes ses formes.

Enfin, nous sommes français, et tout au long de notre histoire, nous avons toujours eu l'ambition de construire un monde meilleur. Au moment où l'homme exerce une influence croissante sur les conditions de son existence et risque de mettre en péril les grands équilibres de la planète, il est donc pour le moins naturel que nous portions haut et fort la parole de l'humanisme et de l'écologie. À l'intérieur de nos frontières, comme à l'adresse du monde entier.

L'engagement du président de la République a causé un électrochoc politique dans notre pays. Il a démontré que l'écologie n'est ni de gauche, ni de droite, mais qu'elle est universelle. Je dois toutefois à la vérité de dire que l'adoption de la Charte de l'environnement par le Parlement n'a pas été simple. C'est l'inscription du « principe de précaution » dans la Constitution qui a suscité le plus de controverses, notamment au sein de ma propre famille politique, l'UMP.

À l'UMP, notre vision de la France est une France dynamique, une France qui ose, une France qui va de l'avant, pas une France précautionneuse. Ne risquions-nous pas, en imposant ce principe de précaution, de rompre l'équilibre entre l'audace et la prudence, de « refroidir » une France déjà souvent trop frileuse ? Les entreprises, les centres de recherche ont besoin de conditions favorables à la prise d'initiative. N'allions-nous pas les conduire à se délocaliser ? N'allions-nous pas aussi paralyser l'action des autorités publiques en les contraignant à ouvrir en permanence un immense parapluie pour se protéger des retombées de leurs décisions ? Telles étaient les craintes exprimées par de nombreux députés.

Je me suis battue de toutes mes forces pour affirmer l'inverse. À la lumière de mon expérience de juge administratif puis d'élue, j'estime que la France frileuse, la France contentieuse, la France qui se tourne en permanence vers le juge, c'est celle dans laquelle nous vivons aujourd'hui. Et à mes yeux, c'est le mutisme et l'immobilisme des politiques qui nous ont mis dans cette situation.

Le principe de précaution figure en effet dans la loi Barnier depuis 1994. Mais il demeure flou et d'application complexe. Ainsi, peu de temps avant l'adoption de la Charte, c'est un juge d'un tribunal d'instance qui avait enjoint au ministre de l'Agriculture de retirer du marché l'insecticide Gaucho.

Et le politique dans tout cela ? Son silence traduit et amplifie son impuissance. Il conduit au développement anarchique des recours en justice, fondé sur un « principe de précaution » sans cesse invoqué, mais qui reste largement incantatoire et que les juges ont beaucoup de mal à définir et à appliquer. Il arrive de plus en plus souvent que les autorités publiques – État, collectivités locales, organismes de recherche – soient confrontées à des associations qui, pour certaines, défendent moins l'intérêt général que des intérêts particuliers, et qui peuvent bloquer des changements indispensables pendant des années. Or la France n'est pas une grande réserve naturelle. Elle doit continuer de se développer, de s'éclairer, de se déplacer, de communiquer... tout cela dans le respect de l'environnement.

C'est pourquoi j'ai sonné l'alarme auprès de mes collègues : le politique doit reprendre la main en matière d'environnement. Et dire clairement ce que doit être le principe de précaution : un principe de bon sens compatible avec l'idée de progrès.

Cela n'a pas été sans peine. Je me rappelle une réunion où l'un de mes collègues du Val-d'Oise, fort de sa stature imposante et de sa voix de baryton, voulut me couper la parole au bout de deux phrases, après avoir fait lui-même un long exposé hostile au principe de précaution. Dans ces cas-là, pas question de jouer les « faibles femmes » ! Je reprends le cours de mon propos sans me laisser démonter. À la fin de la réunion, le voici qui se précipite sur moi. Son élan est tel que j'ai un mouvement d'appréhension. Viendrait-il m'agresser ? Pas du tout. « J'ai une idée, me lance-t-il, nous allons réconcilier tout le monde. Ça va marcher. » Et en effet, Francis Delattre et moi proposerons un amendement à la Charte, qui placera la protection de l'environnement dans le champ de compétence du législateur. Cet amendement donnera à tous les députés l'assurance que la Charte de l'environnement ne les dépossédera pas de leurs prérogatives, bien au contraire. Et grâce à lui, j'en suis fière, le principe de précaution trouvera sa place dans la Constitution.

Dans la confrontation d'idées qui caractérise les débats politiques, soit dit en passant, cette crainte de l'agression physique est un sentiment que l'on ressent souvent... en particulier quand on est une femme !

Pas de progrès sans précaution

La précaution n'est pas la prévention.

Les actions de prévention s'imposent dès lors qu'un risque pour l'environnement est connu. Le risque nucléaire par exemple, les risques naturels, les risques industriels… tous nécessitent des mesures préventives destinées à empêcher le pire. Le crash d'un avion détourné par des terroristes sur une centrale nucléaire est ainsi une éventualité à laquelle nos systèmes de sécurité doivent se préparer. De même, nos structures sanitaires doivent être prêtes à faire face à une potentielle épidémie de grippe aviaire. Nos concitoyens n'admettent plus que les autorités publiques n'aient pas anticipé les catastrophes prévisibles.

C'est la raison pour laquelle le gouvernement Raffarin a été lourdement sanctionné pour sa gestion de la canicule : faute d'avoir prévu et prévenu le phénomène, les Français attendaient au moins de lui une mobilisation immédiate et visible de tous ses membres…

La précaution ne doit pas empêcher l'action.

Il s'agit simplement de faire l'état des lieux des connaissances disponibles lorsque l'on doute des effets de telle ou telle pratique, afin de prévenir toute atteinte grave à l'environnement. Et de prendre les mesures qui s'imposent. C'est un acte de sagesse.

Invoquer le principe de précaution est ainsi parfaitement légitime quand on veut se poser la question des risques que pourraient induire des cultures d'OGM. De même, il est de bonne politique que le ministère de l'Industrie ait invoqué le principe de précaution pour exiger que les antennes relais de téléphonie mobile soient implantées à plus de 100 mètres des écoles ou des hôpitaux, et ce, alors même qu'aucune étude ne prouve à ce jour la nocivité des ondes qu'elles émettent.

La précaution est un réflexe sain en cas d'incertitude, un réflexe qui rassure et qui permet d'avancer. Elle ne doit plus être le paravent derrière lequel se réfugient ceux qui ne veulent pas prendre de décision. Ma certitude, c'est que progrès et précaution iront désormais de pair.

Un vice-Premier ministre pour l'environnement

Avoir écrit et voté la Charte de l'environnement ne suffit pas. Il faut la mettre en œuvre. Ce qui suppose que la protection de l'environnement soit présente à notre esprit à chaque prise de décision politique.

La proposition faite par Nicolas Hulot au cœur de l'été 2005 de nommer un vice-Premier ministre en charge de l'environnement est apparue à certains comme un gadget, au mieux comme un symbole. Elle est bien davantage en réalité. Elle serait la preuve irréfutable de l'inscription effective du réflexe environnemental au cœur de l'action politique. C'est donc à mes yeux une excellente proposition, j'allais même dire *la* proposition pour les prochaines années.

Je crois d'ailleurs que devrait lui être immédiatement confiée la mission de concevoir une véritable fiscalité écologique des entreprises et des organismes publics, en fonction des pollutions que leur activité dégage. Seule cette fiscalité serait garante d'un meilleur comportement des acteurs économiques et publics.

C'est à lui qu'il incomberait également de mettre en œuvre l'ensemble des préconisations du groupe de travail « Facteur 4[1] », qui s'est donné pour objectif

1. Le groupe de travail « Facteur 4 » a été installé en septembre 2005 par la ministre de l'Écologie et du Développement durable, Nelly Olin, et le ministre délégué à l'Industrie, François Loos. Il a rendu son rapport début octobre 2006.

ambitieux que la France réduise par quatre ses émissions de gaz à effet de serre d'ici 2050, au-delà donc de l'horizon du protocole de Kyoto.

Le conflit des intérêts

S'il est crucial d'envisager toute politique publique, toute loi, à travers le prisme de ses conséquences futures sur l'environnement au sens le plus large, c'est parce qu'il n'y a aucun domaine où les conflits entre l'intérêt général et les intérêts particuliers soient plus difficiles à démêler.

Revenons sur la question de l'interdiction du tabac dans les lieux publics ou sur celle d'un « bonus-malus » incitant à l'achat des véhicules les moins polluants. Je suis favorable à ces deux lois, mais elles ont été trop longtemps reportées en raison du manque de concertation et de pédagogie préalable à leur adoption, et des intérêts divergents qu'elles faisaient s'affronter.

Il ne faut pas oublier non plus la force du syndrome « nimby » (acronyme de « *not in my backyard* », « pas dans mon jardin »), qui conduit les populations concernées à rejeter en bloc tout changement de leur cadre de vie, car elles en imaginent les conséquences néfastes bien plus clairement qu'elles n'en identifient les bénéfices potentiels.

Ainsi des transports en commun, que tout le monde veut avoir à proximité de chez soi, mais qui ne peuvent passer ni s'arrêter devant le domicile de personne...

Ainsi des routes, petites ou grandes, qui doivent toujours traverser le terrain du voisin...

Ainsi des stations d'épuration dont personne ne veut, alors que nous produisons de plus en plus de déchets et que tout le monde s'indigne du coût de la collecte...

Et ne parlons pas de l'implantation des grands équipements, indispensables à l'échelle de la nation, mais qui n'ont que peu d'impacts immédiats au niveau local (à part souvent, on l'oublie, des retombées favorables en termes financiers) : centrales électriques, sites d'enfouissement de déchets nucléaires, grands complexes industriels.

Associons les citoyens à la décision !

Cette quadrature du cercle – faire prévaloir l'intérêt général sur des revendications particulières parfois très fortes –, seuls les politiques peuvent la résoudre. C'est même leur honneur que d'y parvenir. Mais cela suppose la mise en place de procédures innovantes de démocratie participative. L'opacité est la pire des solutions.

Le mensonge d'État, sans cesse dénoncé depuis la catastrophe de Tchernobyl (« Madame Pécresse, croyez-vous vraiment que le nuage radioactif s'est arrêté à la frontière ? »), n'est pas seulement anxiogène pour les citoyens, il prive les responsables élus de toute crédibilité et ruine la confiance que les électeurs avaient placée en eux.

En matière de développement durable, l'administration et les politiques doivent accepter de travailler dans la transparence, d'informer et de dialoguer avec les citoyens. Sans toutefois se défausser sur eux de décisions qui sont de leur seule responsabilité. De remarquables progrès ont été faits dans ce sens depuis dix ans.

J'ai personnellement assisté à l'ensemble des travaux d'une commission de débat public installée dans mon département pour y examiner l'éventualité du prolongement de l'autoroute A12 à travers la vallée de Chevreuse. Une quinzaine de réunions publiques, réunissant des milliers de personnes. Un blog où les données et les contributions étaient livrées à la réflexion de tous. La parole de chaque citoyen respectée à l'égal de celle des experts. Le projet et ses conséquences ont pu ainsi être examinés sous tous leurs angles.

Quel contraste avec la gestion antérieure du dossier par le gouvernement Jospin ! Le cabinet du ministre des Transports avait alors décidé d'un tracé autoroutier dans l'opacité la plus totale, et avec une forte coloration de copinage politique. Un tracé publié en catimini au *Journal officiel* quelques semaines avant la présidentielle de 2002, sans doute avec l'espoir de rendre les choses irréversibles...

Je crois profondément que nous devons généraliser les débats publics, pour ces décisions qui engagent des milliards d'euros sur plusieurs années et concernent directement la vie de nos concitoyens. Tout comme il est nécessaire qu'ils soient désormais associés au débat avant toute loi ou projet de réforme d'importance.

Il me semble ainsi que la transposition de la directive européenne sur les organismes génétiquement modifiés (OGM) devrait faire l'objet d'un large débat national. Car la pédagogie est indispensable sur ce dossier extrêmement sensible. Les politiques ne peuvent pas se retrancher derrière la sempiternelle excuse de l'Europe et des retards pris dans la transposition de telle ou telle directive, pour refuser un débat fondateur, qui permettra en outre d'améliorer la loi en apportant des réponses concrètes aux inquiétudes qui s'exprimeront.

Plutôt que des solutions toutes faites *a priori*, élaborées puis imposées par l'administration, nous devons apprendre à écrire avec les citoyens des

« livres blancs » préalables aux grandes réformes. C'est de cette manière que nous placerons la société civile au cœur du processus de décision politique, sans pour autant déposséder l'autorité publique de ses prérogatives et de ses responsabilités.

Méfions-nous toutefois de certaines dérives démagogiques qui consistent à nier la légitimité des élus, pourtant désignés par le suffrage universel, à prendre, en leur âme et conscience, des décisions politiques. L'idée développée par Mme Royal de « jurys citoyens », chargés de surveiller et de sanctionner le comportement des élus, risque d'aboutir à l'inverse de l'effet escompté. N'oublions pas qu'il faut beaucoup de courage aux responsables politiques pour rechercher des solutions d'intérêt général, alors qu'ils sont en permanence placés sous la pression de groupes d'intérêts particuliers… Quelle sera l'indépendance d'esprit et d'action d'un élu soumis constamment au regard d'un tel jury ?

Ce n'est pas à des citoyens tirés au sort ni même à des associations, malgré leur rôle essentiel, qu'il revient de piloter des choix collectifs aussi importants que ceux du développement durable. C'est aux élus, forts de la légitimité du suffrage universel, que ces décisions reviennent de droit. Ils ne peuvent pas reculer devant leurs responsabilités, d'autant moins qu'ils seront les seuls à en assumer les conséquences !

Précaution et participation sont donc pour moi les deux nouveaux réflexes d'une autorité politique qui ferait du développement durable l'une des clés de notre avenir commun.

Vers une nouvelle société

Ce n'est pas facile d'être une femme en politique. Mais c'est aussi une chance, car notre parole porte aujourd'hui davantage que celle de nos collègues masculins. Sur nos épaules pèse donc une responsabilité plus grande, qui doit nous conduire à être exemplaires, à ne pas jouer uniquement des atouts liés à notre féminité, mais au contraire à faire nos preuves, comme les hommes, et à lancer toutes nos forces dans les batailles électorales à venir.

Des réformes ambitieuses ont été engagées depuis cinq ans. Notre pays en attend d'autres, essentielles, urgentes, telles que la deuxième étape de la réforme des retraites, celles de l'université, de la justice, des institutions européennes, de la Sécurité sociale professionnelle, du pouvoir d'achat et de la réduction de la dette… Mais rien ne se fabriquera avec un tissu social qui s'effiloche et qui se déchire.

J'espère que vous partagerez ma conviction que la priorité de 2007 sera sociale, ou plutôt « sociétale » comme on dit aujourd'hui. L'enjeu de la future présidentielle sera de poser les fondations d'une nouvelle société, une nouvelle France, dont nous serons tous collectivement fiers et dans laquelle nous aurons tous envie de vivre. Ensemble, réconciliés, tournés résolument vers l'avenir.

Table

Cet ouvrage a été composé
par Atlant'Communication
aux Sables-d'Olonne (Vendée).

Impression réalisée sur les presses numériques de
Bookpole
BP 12 – ZI Route d'Étampes – 45330 Malesherbes

en février 2007
pour le compte des Éditions de l'Archipel
département éditorial
de la S.A.R.L. Écriture-Communication.

Imprimé en France
N° d'édition : 1013 – N° d'impression : B07/10393E
Dépôt légal : janvier 2007